JN409183

세계모던포엠작가회 제15시선집

수직과 수평의 경계에서

머릿말

– 세계모던포엠작가회 제15시선집
[수직과 수평의 경계에서] 출판에 부쳐

우리는 굳이 말하지 않아도 이심전심(以心傳心) 같은 서로 통하는 정신세계가 있습니다. 다만, 그립고, 다만 사랑하고, 그저 그립고, 그저 사랑하고--- 이것이 우리 문학인들의 정서인지도 모릅니다.

세계모던포엠작가회 제15시선집 [수직과 수평의 경계에서]를 펼쳐든 독자 여러분께서는 6월 초록 향기 어디론가 번져 시를 읽고 감상하는 가슴에 아름다움 한 아름, 진실한 아름 물들이며 누군가를 꼭 껴안고 눈시울 붉게 젖으며 흔들려 보셨으면 합니다.

나무에 녹음 드는 소리 들으면서 흔들려 보고, 낙엽이 흙 위에서 눈물 흘리는 소리 들으면서 흔들려 보고, 바람이 갈대 허리 휘감는 소리 들으면서 흔들려 보고--- 이렇듯 흔들리다 보면 진정한 자신의 위치를 측량할 수 있습니다.

흑룡의 여의주 같은 서기가 세계모던포엠작가회 제15시선집 [수직과 수평의 경계에서] 지면마다 주렁주렁 열려있습니다. 흔들려 보았던 자 만이 그 참맛을 알고 따 먹을 수 있을 것입니다.

우리는 어디서 와서 어디로 가는지에 대한 신의 영원한 숙제에 답안지를 쓰다 지우고 지우다 쓰는 미완의 존재이지만 이번에 발간되는 [수직과 수평의 경계에서]는 우리의 미래에 존재하는 사람들에게 맑은 영혼의 밑거름을 주고 신의 숙제까지도 풀어 주는 그런 동인 시집이라는 것을 믿어 의심치 않습니다.

임진년 흑룡의 해에 옥고를 내주신 회원 여러분께 여의주 한 보따리씩 안겨 드립니다. 그리고 이 시집이 나올 수 있도록 심혈을 기울여주신 월간 모던포엠 편집인과 발행인님께 작가회를 대표하여 고맙고 감사한 마음을 올려놓습니다.

감사합니다.

2012년 6월 5일

세계모던포엠작가회 회장. 시인 이근모 삼가

차례

예람 김미옥 시인/수필가

김시운 시인

김종관 시인/수필가

김종구 시인

문현준 시인

이두형 시인

月影 이순옥 시인

이향임 시인

전홍구 시인/수필가

정연국 시인

세계모던포엠작가회 제 15 시선집
수작과 수평의
경계에서

구인순 시인
월간모던포엠 시부문 신인상
세계모던포엠작가회경기지회회원
모던포엠 동인/서울문학 동인
달빛문학회 회장
저서 [푸른 밤 천길 같은 고요 속에]
공저 [바람 타는 하늘에]
제8회 모던포엠문학상 은상 수상

데생과 명암

구인순

사물의 데생
구도 속에 서서히 드러나는 실체
선과 면의 조화로운 윤곽
햇살의 명도만큼
사물의 투명하고 어두운 자리
뚜렷한 굴곡이 시야에 잡히고
섬세한 명암, 투시하기 어렵지만
조용히 심안을 열고 주시할 때
동공 속 뚜렷이 파고드는 명암
미학적 공간을 뛰어넘어 새로운 경계를 열어가는
혼을 담아, 본질에 다가가는 선
데생은 실존이다, 허상 버리고 다가갈 때
마이다스의 손, 스치는 모든 것이
시시각각 달라지는 사물의 본질
고독한 자아에서 깨어나 응답하는 소리
선에는 철학과 미적 리듬을 타고 시가 흐른다
최초의 밑그림 구도에 따라
형상과 가치가 달라지는
인생도, 그림도, 시도 같은 맥락
예술이란 하나의 길로 통하듯
사물 또한 묵언으로 연결 된다

詩 이야기. 1
– 사부의 말씀

구인순

가위를 들고 전지를 하라
가지치기 잘하여야 튼실한 열매를 맺는 나무가 되듯
절제된 시어에서 응축된 힘이 나오지
시는 공명의 울림이 있어야 하고
청자에게 감동을 주어 전율케 해야 하네
가슴에 담긴 고난 없이 좋은 시는 나올 수가 없지
시인은 잠들지 않는 영혼을 가져야 하며
행간에 드리워진 바람의 힘을 빌려
슬픔을 탄주할 줄 알아야 하네
시 속에 드리워진 삶의 그림자를 볼 줄 알아야 하고
생 살이 곪아 터져 새 살 돋는 아픔 속
질곡의 삶을 겪은 사람만이 깊은 시를 쓰는 법
수평의 경계에서 수직의 무게를 가늠하며
봄볕에 그을린 미망의 길 끝에 멈춰 서서
욕망의 이름을 지우고
무덤가에 핀 할미꽃이 되는 일이라네
바람이 가는 길을 알고
바람의 길을 터주며
세상 모든 길이 끝나는 무덤 속에 스스로 드는 일이라네

너는 나에게

구인순

너는 나에게 집이었다. 생애 처음으로 가져본……,

빛의 중심에서 밀려난 아웃사이더
존재의 박탈감에서 벗어나
저린 발 한껏 쉬어 가고 싶은 집
일상의 곤고한 경계에서 한 치 물러남 없이
나를 지켜 가는 너는 내게서 안락한 쉼터였다.
새 지저귀고 꽃피는 화려한 에덴의 동산은 아니었지만
덧난 생채기에 신음하는 들짐승 같은 영혼을 길들이는 사랑이 머무는 곳
끝이 보이지 않는 방황 그 귀로의 종착……,
낮아지고 남루해지는 일상에서의 귀환
그 발길의 끝에 놓인 곳도 집이었고
이해 받고 위로 받고자 저린 발로 쉼 없이 내쳐 간
그 길도 집으로 향하는 길의 연장
네게로 가는 길은 오리무중, 첩첩산중이었으나
혜안으로 길을 열면 바르고 순탄하여
어둠 속에서도 빛의 길을 내고 있었다.

석양

구인순

하루의 열정 불사르고
시간의 끝을 향하는 절정의 순간이 천공으로 치닫는다
혼신의 힘을 다해 눈부신 광채 쏟아내는 황혼의 카타르시스 속
죽음 같은 암흑이 도사리지만
새로운 새벽을 꿈꾸는 도약
이별의 뒤끝은 아름다워야 한다고
하루 한번 제 몸을 태운다
일생을 하루 같이 살았지만 미진한 삶
자연을 거스르지 않고 왔는지
빈 마음 되어 지난날을 회상하며
나그네 타향살이 지친 마음 어디에 눕힐지 상념에 잠기네
내 생의 마지막 순간도 저토록 아름답게 지는 것이어서
노을 앞에 선 모습이 사뭇 서러운 것일까
아낌없이 내보이다가 곱게 스러지는 삶의 마무리
침묵으로 깨우쳐 주는 석양

친구야, 내 친구야
– 박동렬 화가에게

구인순

육신의 병고
가냘픈 몸으로 삶과 죽음의 경계를 넘나들며
궁핍의 시대를 견디어 인고의 삶, 눈물에 적셔
예술의 혼으로 피워 올린 친구야
벗의 영혼이 채색된 그림이 노래하는 세계를 보라
밝고 고운 오방색과 원색이 수놓는 자유
동서를 아우르는 장르 속에
옛이야기 전하는 나전칠기 기법 속에 숨 쉬는 민족의 얼
안데르센 동화 같은 신비로운 세계
붉은 통영 바다를 말아서 초록색 융단으로
노란 하늘 날면서 꿈을 뿌리는 화가야
눈물나게 아름다운 통영을 노래하며
그림의 언어로 말하고 그림 속을 살아가는 친구야
벗의 그림 보고 있노라면 세상 시름을 잊는다
한 점 티없는 숭고한 사랑으로 뭉쳐진
날개 없는 천사, 나의 친구야

장미의 정열

구인순

촉촉이 젖은 입술
고혹적인 미소 머금고
요염한 자태 뽐내며
엷은 옷 한 겹씩 벗어
부드러운 속살 드러내면
따사로운 햇살 덩달아 부추기고
물오른 달 뜬 몸매, 붉은 교태 황홀하다

얼어붙은 동토
시련을 견딘 대궁이 밀어올린 젖줄을 받아
혼신의 힘으로 피워낸 붉디 붉은 혼
하늘을 이고 선 가지 끝에
핏빛으로 망울진 환희
마지막 꽃잎 허공에 파문 지을 때
바람의 길을 붉게 수 놓으며 또다시 불붙는 정열

두어라
내일을 걱정하면
어찌 불꽃 같은 인생을 살아 볼 수 있으리
모든 것 한 때인 것을

자의식

구인순

흐릿한 미망
안개 걷히듯 벗겨지면
비로소 보이기 시작하는 내면의 세계
자신도 모르게 빠져 들어간 집념의 늪
고통에서 벗어나기를 갈망하는 슬픈 연민
자아를 흔들어 현실로 돌아와 자신을 바라본다

너는 너의 주인이 아니었나?
삶의 중심이 아닌 변두리로 밀려나가
존재 가치를 망각한 체 미궁의 속 헤매며
무엇에 몰두하고 있었나
찰나의 순간, 모든 것 아스라이 멀리 보이고
친구도 이웃도 파노라마 같이 스쳐 지나간다

곧은 길밖에 몰랐던 미진한 삶의 중첩
매몰차게 몰아 내려 애써보지만
인연은 받아들이고 집착은 놓는 걸림 없는 삶
내면의 힘을 기르고 독립된 자유를 누리기 위해서
자신으로 돌아오라고
어디에도 매이지 않고
스스로 견디며 설 수 있는 자리
바로 설 수 없는 자리는 네 자리가 아니라고
깊은 심연에서 우렁우렁 자아가 소리친다

풀잎 같은 사랑아

구인순

흔들린다는 것은
아픈 생채기 도지듯 피 붉은 가슴에 스며든 바람 때문
오고 간 흔적 허공으로 길을 내었기에
뒤따를 수 없는 남은 자의 슬픔이리라
잡을 길 없어도 보낼 수 없어
머무름 없는 바람을 옭아맨 원죄
풀잎에 베어 갈라진 바람
소리 내어 울며 뒷모습 멀어질 때
바람의 길에 놓인 모두는 오롯한 진실이었다 말하지 마라
풀잎 같은 자존, 낮디 낮은 자세로
발아래 밟히고 바람 부는 대로 쏠리는 것은
인고의 세월을 참고 견디는 숙명의 사랑 때문
어둠을 헤치고 뿌리내린 사랑, 흔들림이 없기에
다시 싹틀지 모를 희망을 꿈꾸며
오늘도 끈끈한 생명의 촉수를 뻗어 대궁을 곧추세운다

긍정의 힘

구인순

긴긴 세월 견디며
크고 작은 아팠던 자리
오래 머물 공간 주지 않아 견딜만 했고
달빛 젖은 서늘한 슬픔이 담장 넘어 기웃거려도
담담히 쳐다보며 하얗게 빛바래 갔었지
빈곤이 턱을 바쳐도
"아 아직도 이만큼 남아 있네"
타인의 눈에 비친 내 작은 삶의 얼룩도 부끄러움의 옷을 벗기고
한 번도 어둠의 덫에 걸리게 한 적 없었네
비교하며 걷지 않았던 초연한 마음가짐
행간을 옮길 때마다 단순하여 가뿐했고
큰 욕심부리지 않아 허둥대지 않았으며
집착이 없어 상대의 굴레에 갇히지 않았던 지난 세월
별처럼 빛나는 삶은 아니었지만
헐겁게 살아온 인생 여정
신이 빚은 생명의 향기를 잃어 버리지 않았는지
세상에 갚을 길 없는 빚진 마음으로
조용히 흘러가는 자연의 이치처럼
모든 것에 순응하며 초연히 살아가리라

성숙한 사랑

구인순

잃어버린 나
가만히 불러 본 것이 언제였던가?
너보다 우선순위에 놓고 소중히 지켜 본 날이
기억 속에 희미하다
사랑은 새장 속에 갇힌 카나리아처럼
주인의 미소에 지저귀고
행여 멀어질까 가슴 졸이며
어떤 소리에도, 놀란 가슴으로 버둥거리는 날갯짓

너 안에서 나를 찾는다
원망보다 앞서 가는 목마른 그리움
아프고 무너진 가슴에 피어나는 선홍빛 혈흔
사랑이란 정의 굴레에 사로잡힌 자 되어
상대를 위해 가진 것을 하나씩 포기하며
네가 원하는 것을 위해서 기꺼이 나를 버리는 일
어쩔 수 없는 성숙한 사랑의 길
스스로 택한 구도의 길

세계모던포엠작가회 제15시선집
수직과 수평의 경계에서

김두회 시인/수필가

현산교회 담임목사
대경대학 졸업, 대구신학대학 졸업 / 총신대학 신학대학원 졸업
Canada Christian College (Doctor of Ministry)
월간 모던포엠을 통해 등단
월간 모던포엠 이사/세계모던포엠 작가회 영남지회 회원/모던포엠 동인
2010 자랑스런 한국인 대상 수상
제5회 세종문화예술대상 일성 이준 열사상 수상
King Dabid Unibersity (Doctor of Religious Education)
〈수묵의 향기로 흐르는 그대〉 바람편에 묻는 너의 안부 외 다수

억새는 울었다.

김두회

녹색의 빛깔로
여름을 노래했다

비바람 끈질긴 시련에서
끝내 솜털 같은 꽃을 피웠다

시샘 찬 찬바람이
꽃잎 날려 옷을 벗겼다

앙상한 속살
억새는 운다

세월
또 세월
시린 가슴을 안고
밤새워 밤을 새워
억새는 운다

그리움의 잔

김두회

부서지는 빗물
창가로 내민 손에 들린
그리움의 잔에 방울방울 채워 봅니다

가슴으로 젖어 불러야할 노래
파도를 타고 오는 사랑의 노래가
내 삶에 부는 조용한 바람으로
당신의 귓전에 들려지면 좋겠습니다

장마의 먹구름이 덮은 하늘에서
하염없는 눈물을 쏟아내듯이
먼 날에 남긴 기약을 추억하며
행복한 그리움에 떨게 하는 당신은 나의 바람입니다

창가에 흐르는 빗물만큼
님을 그리워하는 나의 눈물이
내 가슴에 흐르고 있음을
당신이 기억해 주시면 좋겠습니다

요사한 유혹의 바람 속에서도
당신과 맺은 사랑의 언약 때문에
하얀 그리움으로 밤샘하며
발걸음 소리 귀 기울이는 내 모습
기억해 주시면 참 좋겠습니다

바람처럼

김두회

또 한 꺼풀 세월의 옷을 벗긴다
위선의 무희
가증한 화해

암수의 화살이
번득이는 눈빛으로
기회의 덫을 놓는다

이기가 도사린
끈질긴 유혹으로
괴리의 해석을 엮은
그들만의 오락

적외선 그물의
센서가 작동할 때
만고의 비명을 아는지
목마른 절규를 듣는지

바람처럼
바람처럼
부는 바람처럼
세월을 안고 도는 바람처럼

하얀 아름다움

김두회

밤의 적막을 넘어
물빛 그리움이 동그라미로 번져나간다
내가 사랑하는 님
그 님의 눈빛이 닿는 곳에
마냥
부끄럽기만 한 하얀 고백을 늘어놓는다

그 고백이
짙은 향기로 그 님의 가슴에 전해지기를 기도한다
가슴을 아리는 아련한 지난날들
이제는
하얀 아름다움이고 싶다
내 마음에 내려앉는 그 그리움에
아가페 하트를 고이 접어
조그만 내 삶의 상자에 채우고 싶다

하얀 마음
하얀 그리움
거기에 사랑의 노래를 부를 수 있는
작지만 아담한 그 정원에서
생기 어린 숨결이 담긴
당신과 나만의 예쁘고 고운 삶의
에세이집으로 그리움을 엮어 보고 싶다

마냥
그 님과 나만의 하얀 아름다움이고 싶다

홀로 가기

김두회

홀로 가기 외롭거든
뒤돌아서 남겨진 발자국을 보렴

들어줄 사람이 없거든
먼
기억 더듬어
네 그림자와 이야기하렴

앞에 있는 태양은
나를 비추지만
돌아본 그림자는
내 모습 대로인 것을

얼굴이 붉어질
부끄러운 그 모습도
어깨 으쓱할 자랑스러운 모습도
모두가 내가 그린 초상인 것을

그 길이 지루하거든
다시 되돌아서 새 길을 가렴
좋은 생가 만들어
깡충깡충 뛰어보렴

먼 날에 그 길에
내가 간 길이라고
그 남긴 자국이 내 발길이라고

조약돌

김두회

보는 이 마다
나를 좋아한다
내 모습이 좋단다
모가 나지 않아서 좋단다

나는 말한다
당신도 동그랗게 살아가라고
조약돌이 조약돌 되기까지
내 슬픈 삶도
사연도 배우라고

높은 산 깊은 골에서
모질고도 매서운 눈 비 맞으며
여기까지 굴러온 나의 삶을
수없이 부딪치고
구르며 깎여온 내 삶을

거센 파도 물결 속에서도
온몸을 내어 맡기고
생명도 없는 듯
감정도 없는 듯
흐르고 구르고 상처 진 삶을

조약돌
예쁘고 신비롭다만 말고
그의 고난도 배우렴
그의 삶도 사랑하려무나
조약돌의 의미를 알려거든

심연(心淵)

김두회

한 뼘의 깊이도 안 되는
심연의 샘
솟아오른다
그리움이
소리 없이 스며든다
누구의 체취(體臭)일까

어느새
눈가엔 이슬이 맺히는데
가슴을 열어
숨겨진 님의 온기를 느낀다

그 님이
뿌리고 간 사랑이
심연(心淵) 에 샘솟는다
단 하나
자비로 수놓은
아가페 사랑이여

얼음꽃

김두회

하늘과 땅
태고의 인연
그들은 그렇게
사랑의 열기를 쏟아낸다
흐르는 강물이 아니었다면
그 사랑의 뜨거움을 알 리가 없었을 것을

어두운 밤이면
그들의 애욕은 가득하고
은빛의 포말은
강물 위에 꽃피운다

밉지 않은 시샘
속속들이 파고드는
바람이어라
한 알 한 알의 구슬을 모아
나뭇가지 매달아 초롱을 켰다

밝아오는 새벽
밤새운 사랑의 이별이
가지가지에 방울방울 고인 눈물로
영롱한 에메랄드
아침 햇살에 부끄럽다

내 마음의 풍경

김두회

산과 들
어울러 펼쳐진 초원에
녹색의 합창이 들린다

싱그러운 조화
초록 빛깔의 아름다움을
차곡차곡 접어서 보내고 싶은 곳
거기
그리움의 둥지가 있다

색깔 짙은 푸르른 향기를
우윳빛 포말의 감싸 안은
내 마음의 풍경을
오랜 세월에 빛바랜 노트에 써내려간다

가슴 깊은 곳엔
잘 익은 앵두 같이
알알이 영글어 보는 그리움이어라

부끄럽게 숨겨진
조각난 추억들이
물빛 그리움으로 퍼져나간다

순간순간의 느낌표가
오선지를 긋고
마디마디 사이에 새겨 넣은
정겹고 애틋한 음표를 따라
시리고 아린 가슴에는
마음의 풍경 따라 노래를 부른다

기억 하소서

김두회

신이여
미련함을 용서하소서

용서는 당신이 하시지만
깨달음은 나의 몫임을
뒤늦게 알아야 하는 어리석음을

피해 갈 수 없는
당신의 눈동자
거기에 그려진 내 모습의
부끄러운 발자국

묵묵히 기다려온
당신의 그윽한 가슴의 깊이가
나를 위한 것이란 것도
이제야 느끼는 어리석음을

신이여 기억하소서
당신의 바램에 이르지 못해
마음만 고이 접어
당신을 사랑한
이 믿음도 기억하소서

예람 김미옥 시인/수필가
자유문예 시 부문 등단
서정문학 수필 등단
월간모던포엠 시 등단 / 월간모던포엠 이사
한국문인협회 장성지부 회원
자유문예 작가회원
서정문학 작가회의 회원
세계모던포엠작가회 호남지회사무국장
모던포엠 동인

이별 후에 생긴 일

예람 김미옥

오늘처럼 미안한 날이 또 있을까

너 떠나고 없는데
햇살은 어제처럼 따스하게
창을 열고 들어와
어깨를 툭툭 친다

가만히 있으면
눈물은 봇물처럼 터질 것만 같아
커피를 마시고
음악을 들으며
마음 비우는 연습을 하다
바람에게 들켰다

미안하구나
미안하구나

너를 보내고
홀로 마주한 찻잔이
하도 따스해서

석류

예람 김미옥

은밀히 감춘 자궁도
바람 불어 치맛자락 들치면
들키고 만다는 것을 알았을까

딱딱한 껍데기 속에
알몸을 숨겨놓고
담벼락 넘나드는 발자국 소리에
흔들리는 시간을 잘라먹고 외로움 달래더니
갈바람 불어와 신열이 오르고
터질 듯 솟아오른 젖가슴
더는 가둘 수 없었나 보다

끝내 가슴 쪼개고
붉은 생리혈로 쏟아낸 외로움
골방에 가두어도
농익으면 터질 수 있다는 것을
시큼한 네 속살에 입맞춤하고서야 알았다

백목련 터지면 사랑이 운다

예람 김미옥

자박자박
봄 오는 소리에
투정부리며 기다리던 시간을
툴툴 털어내고
후미진 고샅을 홀로 걷는다

실바람의 애무에
하르르 하르르
홍매화 꽃문 여는 소리
사륵 사륵
백목련 젖가슴 열어젖히는 소리
사방에 흩어진다

그러나
봄이 오면
다시 오지 않을 사람의
그림자만 밟아야 하는 외론 가슴은
우둔한 생각임을 알면서도
정지된 시간을 되돌려놓고
꽃문 열리듯 하늘길이 열리김
까치발 딛고 기다린다

각을 맞춰 접어둔 추억
매향(梅香) 따라 펄럭일 때
잘려나간 인연의 고리
목련의 젖줄로 다시 이을 수만 있다면
앞섶 적시는 물기
몰래 훔치지 않아도 되었을 텐데

우두커니 창공을 바라보다
명치에 그리움을 덧칠해 놓고
힘없이 돌아서는 걸음
꽃문 여는 홍매화보다 더 아프다
젖줄 짜내는 목련보다 더 아프다

마늘을 까며

예람 김미옥

불그레한 얼굴
다부지고 통통한 몸매
하도 예뻐서
동트는 새벽을 팔아 몸값 치르고
집에 들인 너
아침 햇살 머물다가는 뒤란 한켠
전세로 주어 살아라했다

무시로 드나드는 바람과 속닥거리며
주인보다 더 도도하게 살아가는 너
손님이 온다는 기별을 받고
너의 옷고름 풀라치면
손톱 아리는 통증만 커질 뿐
끄떡도 않는 오기
한 번쯤은 조용히 무릎 꿇기를 바랬다

허나 비켜갈 수 없는 세월은
너도 마찬가지였단 말인가

한 시절 탱탱한 알싸함으로
숱한 사내 가슴 후려치고
허벅지를 적시게 하더니
물기 마른 하얀 속살에
쭈뼛쭈뼛 별빛 살라먹은
푸른 촉수를 세우고서야
스쳐 가는 손길에 미끄러지듯
홀라당 홀라당 옷을 벗는 뻔뻔함

외면하려 고개 돌리는
붉은 목덜미가 부끄럽다

김 여사의 세상
– 돋보기안경

예람 김미옥

정신 줄 놓은 것도 아닌데
세상 보는 확대경을 어디에 두었는지
도무지 알지 못해
더듬더듬
촉수 세우고
북북 배 밀어가며 찾아 나섰지만
눈이 눈을 가려 보이지 않습니다.

어쩌다 이 모양이 되었을까
자책하며 쏟아낸 울음
눈물로 빠져나간 염분을
냉수 한 사발로 채워넣자
심안이 번쩍 뜨입니다.
또롱또롱한 두 개의 눈알
컴퓨터 키보드 위에 얌전히 앉아 있습니다

김 여사, 잃어버린 세상 겨우 찾았습니다

가을을 업고 가는 길

예람 김미옥

바람의 애무에
자지러지게 웃음 웃는 푸섶을 지나
날다람쥐 쉬어가는 숲길을
자박자박 걸어갑니다

목덜미를 스치는 달보드레한 바람
갈참나무 이파리 사이로
얼핏얼핏 보이는 말간 하늘
그늘에 숨어 낭창한 허리로
바람을 부르는 보랏빛 쑥부쟁이

만장이 나부끼듯
가지마다 추색 짙어지면
흥에 겨운 단풍 춤사위
눈빛 시려 어찌 쳐다볼거나

미운 걱정 앞세우고
가을을 업고 가는 걸음
홀로이지 않아 행복합니다

첫돌 맞은 손녀 예린아

예람 김미옥

아가야
너와 나
무슨 인연이 깊어
굳은 시멘트 바닥처럼
메말라가는 내 심장에
한 송이 사랑꽃으로 피었니

아가야
너와 나
무슨 사연이 많아
시들어가는 장미처럼
빛바랜 내 얼굴에
한 송이 웃음꽃으로 피었니

아가야
너는 모르지
어미의 자궁을 벗어난 너의
가녀린 몸뚱어리가
어두컴컴한 세상을 향해
힘찬 도전장을 던지던 그날
할미는 탁한 호흡을 가다듬고
영혼을 맑히고 나서야
너의 가느다란 숨소리를 들을 수 있었다는 것을

아가야
너는 모르지
하나, 둘, 세엣, 네엣, 다섯……열
너의 손가락, 발가락이
강보에 쌓여 꼼지락거리던 그날
천지는 무지갯빛 찬란한 불을 밝히고
천사들의 노래와 웃음소리가 하늘에 가득했다는 것을

아가야
너는 알고 있니
까르까르 까르르르르
숨넘어가듯 환하게 웃을 때나
칭얼칭얼 보챌 때도
너를 꼬옥 보듬으면
검버섯 돋던 얼굴에 생기가 돌고
식어가는 심장이 다시 뜨거워진다는 것을

아가야
오늘 할미는
하늘이 허락한 인연 노트에
삼백예순다섯 개의 동그라미를 그려놓고
한 자루 촛불을 밝힌다
축복의 통로가 된
너와 나 그리고
엄마 아빠의 가슴에 영영 꺼지지 않을
사랑의 촛불로
건강의 촛불로 널 지켜 주리라는…….

엄마가 그리운 다람쥐

예람 김미옥

하늘이 곁고운 날
목덜미 드러내놓고
산책길을 걸어가다 만난 아기다람쥐
달랑거리는 꼬리에
환영처럼 얼비치는 그림자 있어
걷던 걸음 멈추고
토막난 숨결을 가다듬는다

잔뜩 웅크리고
가만가만 다가서는 마음
녀석이 먼저 알아차린 것일까
물봉선 잔기침 소리에
후다닥 달아나던 걸음도
잔가지 사이를 뛰어넘던 날렵함도
제 것이 아닌 양 모두 내려놓고
고분고분 말 잘 듣는 머슴처럼
움직임을 멈추고 섰다

마주친
말간 두 눈에 물기 머금고
바르르 떠는 기력 없는 저 몸짓
바람 한 줄기 스치면
후두두 떨어질 것 같은 저 눈물
어미 잃고 비틀거리는 가슴
너와 내가 같은 까닭에
반짝이는 물기 훔쳐 줄 수 없는데
어쩌란 말이냐

이제야 알겠다
하늘이 맑은 날에 부는 바람은 짜다는 것을
이제야 알겠다
하늘이 맑은 날에 흐르는 눈물은 맵다는 것을

그 집에 가면 엄마가 생각난다

예람 김미옥

반질반질 닦아놓은
장독대에 주저앉은 곰삭은 고향냄새
속곳 벗고
꽃신 신으신
울 엄마 따라
흩어진 지 오래건만
아직도 빛바랜 추억 그리워
잰걸음으로 찾아가는 그 집

탱자나무 울타리에 걸어둔 추억
회색빛 담장 아래 조을고
빳빳하게 풀 먹인
모시 적삼
빨랫줄에 그네 탈 때
마음은 벌써
외가 동구에 접어든 듯
환해지던 엄마 웃음은
감나무 등걸 이끼로 주저앉아
지난 시간을 덧칠하고 있다

정지된 세월을 잊은 듯
아직도 뒤란을 지키고 있는
빨간 봉숭아
살평상에 걸터앉아
손톱에 꽃물 들여 주던
울 엄마 기다리는가

수분을 빼앗긴 대추나무에
달랑달랑 매달린
대추 두 알
만지작만지작
울 엄마 젖꼭지를 닮았다
눈물 한 방울
또르르
그리운 그 집 앞마당에 뒹군다

친구야

예람 김미옥

비틀거리는 삶 움켜쥐고
내일을 염려하는
너 머문 자리마다 돋아난 아픔
체증처럼 명치를 누른다

말간 바람처럼
따순 햇살처럼
순하게 왔다 가는 생이라면 얼마나 좋으랴만
때로는 심장을 도려내는 아픔
속곳처럼 숨기고
시린 설움 웃음으로 덮어가며
하루하루 사는 것이 우리네 삶인 것을

친구야
가슴까지 차오른 근심 덜어내고
잔가지에 앉아 우는 바람 소리를 들어보렴
밤마다 숨어 우는 풀벌레 소리를 들어보렴
대나무 속이 텅 빈사연도 들어보렴

사선을 그으며 떨어지는 별똥별을 바라보며
연민의 끄나풀을 가위질하는 가슴
너도 아프고 나도 아프다

김시운 시인
충북 보은 출생
성균관대학교 교육대학원 졸업
월간모던포엠 이사
계간 시현실 신인상 수상 / 2007년 모던포엠 문학상 본상수상
2005년 전국 공무원 문예대전 행정자치부장관 수상
제5회 세종문화예술대상 (시부문) 수상
월간 모던포엠 편집위원
세계모던포엠작가회 경기지회 회원
한국시인협회회원
시집 〈바람에게 물어나 보게〉, 〈물빛 그림자는 혼자서 운다〉 등

계절

김시운

어릴 적 아주 먼 날은 아닌

흰 눈 솔가지에 앉아 있다
깃을 털고 날고 있을 때 겨울이라지
벼들 다 벤 들녘에 참새 날아와
떨어진 낱알을 쪼며
재잘거릴 땐 가을이라지
허수아비 팔을 젓다 말고 졸고 있으면
훠이훠이
대숲으로 도망을 치고
매미 울고 베짱이 훌쩍거리면
방아깨비 덩달아 펄쩍펄쩍 뛰던 풀숲
개구리 뱀에 쫓기는 여름이라지
비탈언덕 아래 진달래 얼굴 붉히면
봄이라지 연초록 풀잎 옷을 걸치고
세월은 못 막는 거라며
봄은 가고 여름이 가고 가을이 오면
겨울 오는 건 맞니
눈 위에 찍은 발자국을
따라나서는 계절모퉁이로
하얀 조약돌 하니 뒹굴고 있나

굴비

김시운

봄빛 사흘을 못 채우고
성큼 다가온 진짜 여름 같은 날
언제부터인가 봄이 없어졌는지
나뭇잎 손바닥만큼 커진 걸 보고
매미 안 울까 하는 때 택배가 왔다
추자도에서 잡아 올라온 조기새끼
소반에 쭉 널어 베란다에 내놓고 말린다
하루 한낮 쪽 바람 드나들더니
저녁도 채 안돼
꼬들꼬들 몸통이 말라비틀어졌다
두 마리 집어 와서
진짜를 먹어볼 거라며
영광 굴비보단 맛날 거라며
굴비가 꽤나 크다
고춧가루 마늘 생강 갖은 양념 조물조물 무치고
냄비에 굴비를 조린다
추자도의 바닷가 비린내
누가 보낸 거라니
저 비린내를
추자도 앞바다가 서울로 왔다
거센 파도가 베란다에 너울거린다

날벌레

김시운

용문 가는 중앙선 열차를
타고 가다 보면
양정 못미처 파밭 한가운데
비닐하우스 쳐놓고
'개 짝짓기 전문' 이라는
간판을 달고 있는
허름한 집을 볼 수 있다
짝짓기라
봄은 일찍 왔다 갔는지를
모르겠는 이른 아침
물안개라도 걷히면 모를까
별별 날벌레들이 다
뭘 하러 가는지
중앙선 열차를 타고
산모롱이를 돌아갈게다
언제 햇빛이 잠에서 깰지 모른다

달무리

김시운

누가 남겨 놓은 갈망인가
외로움이라는 라벨을
붙여놓은 소주병 속에
파란 바람이 들락거리는 밤에
달무리를 짓고 있다
탱자나무 울타리 집에
문고리를 잡고 흔들며 떼어 놓는
하얀 고요의 침묵
허공에다 뿌리고 있다
섬돌 위에 벗어 놓은 고무신
흐느끼는 가슴을 두드리는 소리
누구를 향한 그리움인가
작은 소주병 속의 저건
누구의 멍인가

담쟁이

김시운

모르는 사연을 하나씩 적은
보이지 않는 쪽지를 들고는
도심의 거리를 걷는 이들이
불 꺼진 가로등 아래에서
쪽지를 펴며
바람에 젖은 머리를 빗고 있다
벌레의 더듬이가 된
담쟁이넝쿨이 되어
높은 담장을 기어오르는 아침
누가 뿌리고 있는가
돌담 아래로
하늘을 퍼담는 이슬방울
침을 묻혀 꾹꾹 눌러쓴
이야기를 적시고 있다
담쟁이 쪽잎 위에 매달린 채로
바람을 주저앉히고
그들의 얘기를 훔쳐 듣고는
얼굴들을 부비고 있다

별 꿈을 다 꾸고

김시운

남의 말 사흘이 안 간다며 며칠 밤잠 못 이루던
밤을 새우고 눈이 저절로 감겨
잠든 어젯밤 꿈에
몇몇이 어울려 골목을 더듬으며
어느 집 판자 울타리를 넘어뜨리고
판자때기 둘둘 말고 서서 주인 할머니 앞에
곤장을 치르던 밤
몇몇은 맞은편 술집으로 도망을 치고
혼자 남아 어쩔 줄 모르며
오금을 못 펴던 꿈
주인 할아버지와 아들 녀석 언제 나타나
어쩔거냐고
신상 다 불어야 한다고 눈을 부릅뜨던 꿈
낯선 거리에 와서
모르쇠 할 것도 없고
큰 코를 다치고 있다
돈백냥 물어낼 건지 아니면 냅다 뒷골목으로
토낄 것인지 선택의 기로에서 꿈을 깼다
꿈은 반대라는데
내일은 로또 복권 1등 4번이나 나왔다는 로또 방에서
복권이나 사볼까
거실에 나가 물 한 컵을 들이키고는
다시 꿈을 청했다
꿈에서 분명히 여인 목이라는 말을 듣기는 했는데
여인 몫인가
꿈도 이쯤이면 개꿈이 아닌지 몰라
이 밤에 잠자기는 영 글렀다

산새

김시운

오늘 밤 안으로는 닿을까
바위를 돌아온 계곡 도랑물
그 강가 언덕에
오늘 밤엔 무슨 이야기를 짓고
젖은 가슴에 껴안고
산비탈 계곡을 흘러가는가
시린 달빛이 바위에 걸터앉아
뻐꾸기 소리를 듣는다
저 아랫마을 개 짖는 소리
하룻밤을 새기 위해
바람은 마을로 들어섰나 보다
이 이야기를 내일쯤엔
산모롱이를 돌아
보랏빛 들꽃들을 적셔야겠다
오늘 밤 흐르는 산골물소리
나무를 흔들어 깨우고 있다
산사의 기왓장 안에
산새가 잠을 청한다

새벽에 떠나서는

김시운

그 많은 날을 살고도
며칠 안 산 것 같은 날을
손가락 꼽는다
어릴 적 초등학교 2학년 때
김밥 싸들고 봄 소풍을 가며
눈깔사탕 한 알 입에 물며 가던 날
추석 바로 다음날 대운동회 날
검정고무신 까만 팬티를 입고
달리기 꼴찌 하면서 신나하던 날
3등으로 달리다 넘어져서 그랬지 뭐
런닝구는 흙바람이었다
능금 한입 꽉 깨물고는

며칠밖에 안 되는 날을 살은 거야
쌀밥 보리밥 축낸 걸 쌓으면 안방 가득 채울 걸
자빠져 잔 날 셈 해보면
셀 수나 있을까
아니 하나 더 있다
검정 책보자기 교단 밑에 감추고 왔다
뒈지게 혼나고 훌쩍거린 날
숙제는 어떻게 해갔는지 몰라
그날들은 다 어디로 떠났는가
그림자를 밟고 가는 밤안개
새벽길에 동그라미를 그려 놓는다

순댓국집

김시운

시내버스를 타고 이쯤만 와도
공덕동 로터리가 가까웠다는 것을
금방 알 수 있다
순댓국집에서 왕족발 한 접시를 시켜놓고
술병을 죽여 가며
하루를 흔들며 전설을 쓰는 이들이
무슨 말이든 해보라며 떠드는
공덕시장 골목입구
아현동 주민센터 앞에서 내려
횡단보도를 건너면
사진관 하나 서 있던 골목길을 돌아
고물상 가게 앞 리어카에는
폐휴지 헌 박스 날개 부러진 선풍기
바람에 불린 옥수수 뻥튀기 비닐봉지
뽑기 할머니 코흘리개들 동전 몇 닢 홀리던
길 건너 순댓국집에서
한쪽 구석에 혼자 자리를 잡고
노란 배추 속에 된장을 찍으며
새우젓에 간을 맞추고
돼지비계 썰어 넣은 순댓국 한 사발
홀홀 지이 믹는나

대파 숭숭 썰어 넣은 뚝배기에서 걸려 나오는
돼지머리고기와 순대
누구라고 할 눈치 볼 것도 없고
회사에 중요한 일 생겼다고 작은 거짓말을
스마트폰에 누르며
매운 고춧가루를 확 풀고
머리 허연 김 부장
젓가락 짝짝을 든 채
창밖의 그림자를 흔들고 있다

수평선 너머

김시운

얼마를 걸어 왔나 모르는
바닷가를 뒤돌아보니 모래 위에 찍힌
발자국이 어지러웠다
파도가 밀려와 발자국을 지우고 간 자리에
갈매기가 날아와
섬을 돌아온 이야기를 들려준다
불빛 켜진 등대 멀리로
출렁이는 바닷물결을 보며
수평선을 넘어가는
흰 돛단배의 그림자
바람을 싣고 떠난 모래밭 위에
붉게 쓴 너의 약속
너는 나를 사랑한다고
돛단배를 타고 떠났는가
수평선을 넘어
허공을 젓는 그림자

김종관 시인/수필가

경기도 김포생
월간모던포엠 시. 수필 등단
월간모던포엠 이사
세계모던포엠작가회 경기지회 회원
모던포엠 동인
달빛문학회원
중앙대학교 공과대학 졸업
인하대학교 공학대학원 졸업
해병대 제대 (병 433기. 포항근무)
풍창건설 (주) 현장소장 (이사)

살아가면서

김종관

〈1〉
시간은 질서에서 무질서로
수렴하며 달려갑니다
우주의 삼라만상은
절대로 반복도 없고
다시 출발함도 없고
되돌아감도 없고
다만, 소멸의 길로 영원히 달려갑니다

생성에서 소멸로의 움직임은
우주공간 너머에서 보면
아마도 완만한 수렴의 곡선을 그리겠지요
우리는 그 수렴구간 위에서
찰나의 삶을 영위함에
수많은 사연을 간직합니다
생명이 있다는 모질고도 모진 인연으로….

하루가 조금씩 길어지고
태양에너지가 하루하루 줄어듦은
결국, 소멸의 길로 감이니
우리는 그 길 위에서 생을 부지함에
잘게 자른 찰나의 순간순간은 곡선 아닌 직선
짧은 대자처럼 넘기고 넘기며 재듯이
미약한 우리는 그저 윤회만 생각할 뿐입니다

〈2〉
우주의 섭리가
조금씩 조금씩 길어지고 작아지고 닳아지고 식어감에
우리는 소멸을 예감합니다
허나 그 속에서 움직거리는
생명체의 몸부림이 순간의 흔적이며 삶임에
그저 윤회하며 영원히 살 것처럼
끝없을 것처럼 살아갑니다

어제의 하루가 오늘로 주어지고
어제의 따사로운 햇살이
오늘도 내려오고 어제의 비가
오늘도 촉촉이 적셔줌에
모든 것 한없고 끝없을 것 같은
삼라만상의 모든 것이
지금도 소멸로 가고 있음이니….

어제를 돌이켜 오늘을 기도하며
오늘 같은 내일을 원하고
그렇게 삶과 삶이 어우러져
수렴의 길을 걷노라면
새벽녘 자기 몸 다 태워
흐물흐물 빛을 잃고 사그라지는 촛불처럼
영원한듯한 우리도 언젠가는….

〈3〉
사랑하고 증오하고
기뻐하고 슬퍼하고
이 모든 것 가슴속 영원하다 해도
찰라의 찰라의 찰라
겨자씨 하나 들어냄에
더구나 성안의 모든 것을
하물며하물며 무량겁은….

인연으로 맺어진 황새가
푸르른 창공을 날고
문전옥답 흙심 축내
이름없는 천덕꾸러기
잡초라 불리어도
그 삶이나 이 삶이나
모두가 모두가
소멸의 길로 수렴하여 가는 찰나이니….

있는 듯 없는 듯 물 흐르듯이
살포시살포시 젖어들어
비말데 파도 모양 역행치 마시고
수렴구간 위에 미끄러지듯이
순조류 순풍에 돛단 듯이
마음속 모든 것 풀으시어
어울렁더울렁 세상사 엮으심이….

〈4〉
어둠과 밝음, 차가움과 뜨거움
늦음과 빠름, 없음과 있음 등
이율배반적인 논리가 세상을 지배함에
이왕지사 순면만 보소서
모두가 같지 않음이 같음이요
모두가 공평하지 않음이
공평함을 아시는가

순행과 역행이 조화를 이루고
또한 이루려 노력하고
절망하기도 하고
성취감을 만끽하기도 하고
이 모두가 찰나의 순간순간에서
이루어지는 삶의 몸부림이니
조금 어긋난다한들 뭐 어떻겠소

오늘도 어제처럼 더 바램 없이
님의 측은지심 눈빛을 고마워하며
하루하루 보통사람의 길을
묵묵히 걷고 걸으면
혹 저 멀리 시원한 나무 그늘 있어
옛친구와 주거니 받거니 청탁불문
옛이야기 나눌 수 있지 않겠소

〈5〉
밤새 불 밝힌 외등은
이슬비에 하늘하늘, 존재의 가치가
더욱더 땅에 떨어지는 새벽녘
또 하루를 주심에 감사해 하고
팔순 노모의 조심하라 배웅을 받으며
업의 터전을 향하여
애마는 힘차게 기지개를 켭니다

비록에 비록에
겨자씨 하나 들어냄의 삶도 누리지 못하지만
어제처럼 오늘도
오늘처럼 내일도
소박함을 바라며
차 안의 묵주를 살포시 만지며
소원할 뿐입니다

평면의 삶을 그리며 삶에
어찌 시와 공을 알겠습니까
그저 소멸의 무한대로 가는 여정 위에서의
미천한 생명체의 씨석임입니다
다만, 다만 바램이 있다면
수렴구간 내내 행복함에 젖으며
찰나의 삶을 누릴 수 있게 하여 주소서….

〈6〉
이 가슴 언젠가는
맑은 샘물 말라 사막화되더라도
이따금 물내 맡아
싱그러움이 항상 가슴속에서 자라
푸르름을 잃지 않게 하시어
그 그늘 아래 어울렁더울렁
함께 수렴하며 살게 하소서

전설 속에 전설이 잉태하고 또 전설이
그렇게그렇게 영겁의 세월로 흘러도
용은틀의 황새처럼
이름 없는 천덕꾸러기 잡초처럼
찰나의 삶을 또 다시 주심에
세상 만물 어우러져
바람에 허리도 숙일 줄도 압니다

그 누가 도화 속 세상이 흘러흘러
선의 세계에 들어섬을 알았고
한판의 바둑이 두어짐에
세상이 몇 번을 바뀌었음을 알았는가
허나허나 그 모든 것도
수렴구간 한점에도 못 미치니
다만, 내일을 희망하며 찰나에 있음입니다

〈7〉
저만치서 부르는 이가 있어
뛰어가 보았습니다
그이는 또 저만치 있더군요
그렇게그렇게
앞만 보고 뛰어옴이 반세기가 넘었습니다
이제는 삶에 반이 넘어섬에
돌이켜 그릇됨을 고쳐봅니다

혹 무지몽매 미봉의 삶으로
매끄러움의 수렴이
어디 그러하기야 하겠습니까 마는
우주 섭리에 역행할까 두려워
이제사 이제사 다듬고 다듬어
순의 방향으로 가며
찰나의 삶을 영위합니다

겨우겨우
옳고 그름을 판단할 수 있습니다
삶의 규준틀로 이 생 다 할 때까지
흐트러짐 없이 꼿꼿이 자리하여
소멸의 길로 들어섬에 소박한 점을 찍을 수 있는
부끄럼 없는 찰라를 주심을 앙청하오니 허락하여 주소서….

지천명의 사랑

김종관

지천명을 넘긴 나이에도
연애편지는 쓸 수 있고
스무 살 전후의 뜨거움처럼
잠재되었던 열정을
활활 발할 수 있다

삶의 때가 덕지덕지 붙고
주름이 깊게 패인
세월의 뒤안길에 서서도
사랑하는 여인을 그리며
가슴이 설레일 수 있다

가슴속 한켠에 켜켜이 쌓여진
어둠 속 애절한 추억의 편린을
한 조각 꺼내어 들고
밤새도록 눈물지며
베개 고쳐 뒤척일 수 있다

사회라는 초원을 경주하며
옹색한 삶을 영위함에
그래도그래도
잠시 돌아보고
일탈도 반탈도 할 수 있다

다만, 아쉬움은
내가 나만이 아님을
또한, 그대가 그대만이 아님을
어찌할 수 없음에
업에 매진할 뿐이다

살살이꽃

김종관

얽히고 설켜서 쌓이고 뭉쳤던 상념들
가을바람에 날려버리고
청명한 기운에 어우러지는 그대처럼
맑은 마음으로 행복한 마음으로
가을을 맞이하는 그대이고 싶습니다

밤이슬 온몸으로 받아 차가움도 느끼고
몰아치는 바람에 허리도 숙일 줄 알고
계절이 주는 알싸한 기운에 어우러져
청초함으로 연약함으로 애틋함으로
시절의 연인으로 다가오는 그대이고 싶습니다

얽히고 설켜서 쌓이고 뭉쳤던 상념들
가을바람에 날려버리고
청명한 기운에 어우러지는 그대처럼
맑은 마음으로 행복한 마음으로
가을을 맞이하는 그대이고 싶습니다

밤이슬 온몸으로 받아 차가움도 느끼고
몰아치는 바람에 허리도 숙일 줄 알고
계절이 주는 알싸한 기운에 어우러져
청초함으로 연약함으로 애틋함으로
시절의 연인으로 다가오는 그대이고 싶습니다

비 오는 날은

김종관

비 오는 날은
업의 모든 것 다 잊고
일탈도 반탈도 하고 싶다
야트막한 둑방 위에
아늑한 천막 쳐 놓고
손깍지 끼고 그 속에 눕고 싶다
그리곤 후드득 빗소리 들으며
소 풀 뜯기던 어린 시절
잠시 회상에 젖고 싶다
호박잎 우산 삼아
책보 둘러맨 까까머리
뚝방길을 뛰어간다
저 멀리 뚝방 끝
높다란 미루나무
연 걸려 휘날린다
앞마당 풀섶에는
빠알간 꽈리나무
섬돌엔 까아만 고무신
자그만 봉당에선
할아버지 밭은 기침 소리 내며
손작두로 소 여물을 썰고
뒤꼍에는 고염나무 열매
옹골차게 달려있고
굴뚝엔 연기 모락모락
옛 시절 옛 내음
어느덧 뚝방 위 천막에는
추억이 익어간다

나의 여정

김종관

이따금씩 이따금씩
꿈같은 어린 시절을 여행합니다
허나허나 세월은
이렇게 흘러흘러 벌써 지천명을 훌쩍 넘겨
아쉬움에 아쉬움에
그 시절을 기억하고 반추합니다

하늘이 우리에게
아쉬웠던 옛시절 한 토막쯤은 해빙시키시어
다시금 우리에게 주시면
그러면 요기 톡! 조기 톡!
좀 더 다듬어서 명품으로 거듭 나련만……,
혹
훗날 아주 먼 훗날 오늘을 상고하고
또 다듬으려 하지 않을까
다시 한번 제 주위를 둘러봅니다

여보게 친구
우리 천천히 가세나
이런저런 이야기하며
저 모퉁이 돌아서면
시원한 나무그늘이 나올걸세

청탁불문
주거니 받거니 쉬었다가 감세
난 자네를
자네는 나를 이야기하며….

그리움에

김종관

눈 내린 현포항 방파제 선단부
아스라이 뭍의 향 느끼려
북동풍의 기류에도 혹
고향의 내음이 있을까
저멀리 공암을 바라보며
뭍으로 뭍으로
한없는 마음을 보낸다.

오호츠크해에서 밀려오는 파도는
한 많은 여인네의 독기인양
날카로운 손톱을 드러내며
외항의 TTP를 쉼 없이 할퀴고
뭍으로 뭍으로 향하는 그리움은
덧없이 定積속에 포말로 부서지며
선단부를 돌아 회절되어 밀려온다

세계모던포엠작가회 제 15 시선집
수직과 수평의
경계에서

김종구 시인
월간 〈한맥문학〉 등단
월간모던포엠 이사
세계모던포엠작가회 회원
사랑방 시낭송회 회원
여울 문학 동인
예촌 문학 동인
강화 문학가 협회 이사

민들레

김종구

지난여름
깃털 우주선을 타고 날다가
빗줄기 타고 내려와
분재 옆에 내려앉은 무법자

그냥그냥 바라보다 말았더니
급기야 제 텃밭인 듯이
뿌리를 내리고 정착하는 걸
보고만 있었더니

올해는 맨 먼저
잎을 내며 새봄을 알리더니
이제는 꽃까지 활짝 피웠구나
한 송이 두 송이 세 송이 다섯 송이나

이를 어쩌나 저쩌나 고민하고 있는데
밤에도 노란 촛불을 밝힌 너를
차마 어쩔 수가 없구나

봄이 오는 소리

김종구

강변 갈대밭
허리 굽고 성성한 갈꽃
언제 눈이 내렸냐
쪽빛 하늘
햇빛이 비췬다

눈 녹은 눈물
갈대 목에 매달려
고드름을 만들고

고드름에서 돋는 물방울
도랑에 흘러내릴 때
징검다리에 붙어
햇볕 쬐고 있던 갯버들
파랗게 파랗게
몸통을 단장하고

봄이 오는 소리
졸졸졸 쫄쫄
냇가 저만치
겨울 갈라지는 소리
쩌엉 쩡 쩌정 쩡

나만의 집

김종구

새해 새 아침
집 지을 궁리를 했다
세상에 없는 나만의 집

우선 집터를
주머니에는 몇만 원도 없으면서
그래도 가능하다
도시를 벗어난 시골이어야 했다

담장부터 장미로 에워싸고
우물도 파고 자그마한 연못도 만들고
담배 한 대 피워 물고 본격적인 설계를 한다
올 한 해에 다 지을지는 미지수
벽돌 한장 한장 만지다 보면
근사한 집이 되겠지

건축 자재상을 찾아
컴퓨터를 켠다
국어사전을 뒤진다
마땅한 자재가 보이지 않는다

오늘 아니면 내일
또 내일
기어이 나만의 집을 짓겠다
담장에는 사시사철 장미가 만발하고
담장 너머로 갈대가 무성하고
하늘이 보이는 집
그 안에서 그렁그렁 눈물 뿌리며
나 혼자 살련다

달 뜨는 새벽

김종구

자게구름 깔린 동녘 하늘
지평선이 열리고
안개가 서서히 여명의 하늘에 차오르고
태양보다 먼저, 달이
잘 그려진 눈썹 내비친다

밝아오는 하늘을 시샘하듯
어스름이 걷히는 자리에
하얀 안개가 소슬바람 타고
지상을 덮으면
어두워질 것만 같은 대지는
점점 밝아오고

살짝 문 따는 소리
게슴츠레한 눈동자를 한 아들이
살그머니 현관으로 들어선다
세상을 부정하는 건가 찌푸린 얼굴
놔두어라 태양은 뜨고
달은 태양에 가려질 것이다

머뭇머뭇 아침노을이 안개 위에 서고
활기찬 얼굴의 태양이
동녘산에서 점프하여 두둥실 떠오른다
달은 어디에 있는가
안개 속에 가려, 태양에 눈 부셔
어디로 숨어 버렸을까
아까는 가는 눈썹 깜빡이더니

빛나는 내일을 위해

김종구

노을을 업고 간 태양
바다에 빠지자
바다는 노을을 삼키고
어둠이 수평선을 삼키고
밤으로 가는 시각
머리 아픈 생각도
수평선쯤에 걸어두고
밤 속으로 빠져든다

오늘 무엇을 했던가
진종일 한 것 없이 허우적거리다가
밤이 되니 더욱 생각이 많아진다
생각도 접자 태양이 졌는데
머리도 쉬어야지

아침노을이 동해에서
태양을 건져 올릴 때까지
아무런 생각도 말아야지
어둠 속에 묻혀서 어둠 속에 묻혀서
안식의 밤을 위해 두 눈을 감아야지
내일을 위해 빛나는 내일을 위해

얼마나

김종구

춥고 배고픈 겨울 마당
산 능선을 뾰쪽한 칼바람으로
찔러올 때
얼마나 춥고
얼마나 배고팠을까
얼마나 고독했을까

햇살 따뜻해 오자
그리움을
빨갛게
노랗게
나타내고 있을까

잎도 피기 전에
그리움을 색깔로 토해내는
울음
가슴살로 드러내 보이는
꽃들아

얼마나 그리웠기에
빨갛게 타느냐
얼마나 고독했기에
노랗게 우느냐
얼마나
그 얼마나

바람의 화원

김종구

바람이 놀다 간 자리
갈대들은 뒤엉켜
바람이 하던 모습을
재연해 보인다
잎새가 팔다리인 양
다른 갈대의 허리를 부여잡고
꺼이꺼이 울고 있고

구름이 바람 따라
몰려들더니
구름도 바람같이
엎어지고 넘어지고 뒹굴다가, 끝내
울음을 울고 있다
쭈르륵 쭈르륵
흘러내리는 눈물, 눈물

모두가 바람의 장난
잎새 뒤에 뒤처져 놀던 바람이
짜아식들 놀고 있구먼
한 마디 던지고
떠나고 있다

파도 앞에 서서

김종구

파도가 철석철석 부서지는 海壁
끝자락에 서면
멀리서 굼실굼실 밀려오는 파도, 파도

파도 갈피에 시름을 묻고
바람 갈피에 詩를 묻고

잎새 몇 잎을 따
바람에 날리면
잎새, 비행기가 되고
조각배가 된다

잎새에 소원을 적어 보낸
해변의 편지
수신자는 없어도
편지는 파도가 받아서 갈피에 끼고
어디론가 사라지고
마음의 수심까지 갈피에 끼고
海壁에 부서져 詩를 읊는다

고무나무

김종구

꽃도 피울 줄 모르는 것이
잎이 날 때면
자주색 면사포를 쓰고 나온다
겨울에 온실에서도 여간해서 내놓지 않던 잎을
봄이 갈려고 멈칫 멈칫할 때
새 잎을 그냥 보여주지 않고
면사포를 쓰고 나온다
그래, 새 세상을 보고 새 하늘을 보아라
잎새를 감싼 면사포를 벗겨 주니
속살 드러내 보이며
사알짝 웃어보인다

아카시아 꽃

김종구

여인의 옥양목 작은 버선
발이 커
버선 밑바닥이 터지면
온山河에 울려 퍼지는
향그러운 내음

새벽 안개 깔리는 고속도로
머리를 끄덕이며 졸던 사람들
코를 킁킁거리며 고개를 들게 하던
단 냄새 그윽한 향기

창문을 열지 않을 수 없지
창문을 열고 차를 세우고
한참을 맡아도 향기로운
코를 찌르면서도 싫지 않은
첫사랑의 향기

봄이 가기 전
온山河에 울려 퍼지는
소리없는 교향악
여름을 맞이하는 전령사인가
봄을 여의는 아쉬움의 향수인가
장난감 토끼같이 생긴 꽃이여

문현준 시인

전남 목포 생
월간 모던포엠 시부문 신인상
월간 모던포엠 자문위원
세계모던포엠작가 서울지회회원
월간모던포엠 이사
민족통일 촉진회 본부 운영위원
사)주원 복지사업 공동체 이사장
복지법인 소년소녀가장후원 복지협회 회장
사)한국방송언론인협회 사회복지위원회 위원장
제2회 일성 이준 열사상 수상

고향 산행도

문현준

옛 산골 마을 들어서니
추억의 그림자 그대로이고
산은 옛 산 그 모습, 휘감아 도는
개울물 소리 그대로인데
변한 것은 이 몸이로세
고요 속에 잠들었던 곳
흐르는 물소리 낭랑하게 들려오고
나를 반겨 주는 듯
바람소리 숨죽이는데
산새들 지저귀는 소리에
청춘을 불사르던 그날들은
이내 마음 저리게 하네그려
이슬 맺은 풀잎은
춘풍에 잠들었던
시절을 회상케 하고
아지랑이 눈부시게 솟다가
저녁노을 서산 너머 지던 날
발길 멈춘 계곡에는
옛 모습 아련히 남아
저물어 간 청춘이
내 늙은 그림자를 일룩지게 하네

인생의 삶

문현준

인생은 공수래 공수거
무엇을 남기고 갈가나
가는 길 험난해도
지난한 삶 속에 얽힌 인연 탓에
보람찬 봉사의 길도 허공의 날갯짓

힘껏 발버둥치며 외쳐본들
뜬 구름 지나가듯
바람결에 스쳐가고
울부짖는 많은 이들의 고난에 찬 모습
눈앞에 서렸으나
부족한 이내 힘 어이할거나

합심의 끈을 잡아
목적을 달성하려해도
태산은 멀리서 높기만하구나

수덕사 한 고승의 생애

문현준

유년의 시절부터 목탁소리 벗삼아
스승의 훈시 받으며 성장한 긴 여로 속에서
고승의 독경소리 마음 적시며 불심이 익어갈 때
더욱 깊어 간 불경의 역사, 탐독의 근원부터 익혀간
긴 세월 그의 생애

해묵은 세속의 업은 풍경소리에 묻어 사라져 가고
수많은 세월, 삼라만상 윤회의 업보에 묶인 힘겨운 흐름의 세월
잡을 수 없어 묵묵히 따라온 여정

입적하신 고승들의 선구자적 삶의
원동력은 깊은 감명 속에 서려 있고
불심의 힘이란 그 마음 만져주고
잠 못 이루어 몸부림치던
초심의 넋두리 고승의 독경 소리에 만사는 형통이라
그의 생애 후회 없이 살아온 여정
이제 와서 그 무엇을 찾고 있을까
부처의 힘으로 불경 속에 그 마음 적셔준다

입적의 시기 찾아 와
그림자 빛과 같이 곁을 서성이는데
언제인가 나 역시 고승들 뒤따라 가는 길 찾아가겠지
이 모두가 인간의 삶 그리면서 가야지
불심의 언저리 속에서

고향찾아 가는 길목

문현준

아무도 찾아 주지 않는
고향길 따라가는 길목
반겨주는 이 없고
메마른 대지위에
나목들만 반기는 듯
초라한 내 몸 움츠리게 한다
겨울 잠 깨어난 나목들
머지않아 푸른 잎 움터 오르고
몸단장 곱게 하려는 모습
새파란 잎새 생기 돋을 때
추억의 그림자만
쓸쓸한 내 마음 어루만져 주네
환희의 마음에도
슬픈 미소에 잠들고
고향이라 찾았건만
왜 이렇게도 외로울까

목포 유달산 전경

문현준

겨울이면 칼바람 산울림과 더불어 찾아오고
춘삼월 봄바람은 임 그리워 내 품을 파고드네
유달산 선들바람 온몸에 감아 돌면
산천은 부드러운 미소로
여인들의 향기 발산한다
바위산 자락에는
움터 오른 새싹들이
기지개 켜며 솟아오르며
봄 기운에 미소 짓고 반겨 주는데
옛추억의 그림자만 내 마음 외롭게 한다
앞바다 잔잔한 섬들 손짓하며 찾아오라 하네
뱃길 여울목에 갈매기떼 소리내어 반겨준 듯 울어대고
반기는 미소에 내 마음 외로움을 달래준다
등산의 길목에 발거름 멈추고
바람 따라 뱃길 따라 갈매기떼 벗삼아 즐거운 하루를 보냈노라

양천 용왕산 공원

문현준

잠 못 이루고 외로움을 달래던 밤
숲 속에 뻐꾹새 울음소리 더욱 처량하게 들려오고
임 그리워 우는건지
이 밤은 유난히 쓸쓸하게 한다

밤 공기는 고요 속에 잠들고
과속으로 달려간 시간을 원망한들
잡을 수 없는 세월
뉘 힘 있어 잡을 수 있겠는가

인내하며 살아온 삶
설운 마음도 흘려보내고
먼 산 너머 메아리 소리
발걸음을 재촉하건만
잡히지 않는 허상의 물욕에 매여
따스한 손 내밀어 마주 잡아 줄 이 없구나

정이란

문현준

깊은 마음의 인정
인간의 존엄성
서로 의지의 표현
상호간 믿음
신뢰의 근원
의리의 형성체

이 모두가 인간의 삶 속에 얽힌 사연들
깊은 연정에도 조석변이고
첫 정에도 세월 속 변화가 찾아오면
이슬로 사라져 버리는 인연

마음의 변심에는 후회도 따라
때 늦은 여정 속에 자신이 반성할 때는
잃어버린 훗날이라 수많은 순간들은
인내하는 삶의 근원을 이어
여생을 마무리함이 좋으련만
뜻을 이루지 못하고, 먼 산 너머 지는 해
바라만 보고 서 있네

고독 그 여정

문현준

삶의 그 언저리
고뇌 속에서도
목적이 있기에
외로움 달래면서
살아온 날들
희망이 절망의 나락으로
곤두박질할 때
속절없이 흐른 세월
원망의 눈빛만
내 마음 서려 있고
생의 긴 여로에서
주름진 얼굴만
바람결에 스쳐가네

조약돌

문현준

일파만파
부딛고 부딪혀
수평선에서 밀려온 파도
이리저리 굴리다가
바닷물에 저려서
모양새도 곱구나
굴러다닌 돌들이
서로가 얼싸안고
장단 맞추어 노래 부르며
흥겹게 뒹굴다
파도가 밀려오면
아우성치는 소리
돌들의 정취를 자아낸다
마모의 돌들을
해풍이 불어와서
더욱 깊이 포옹하며
세월의 문양을 새긴다

한강변 강바람

문현준

밀물이 밀려오면
강바람도 동행하여 밀려오고
해풍 따라 파도가 일렁이면
갈매기 떼지어 은신처 찾아
몸을 도사리는데도
어린 오리 귀엽게도
어미 곁을 떠나지 않는다
거친 태풍 밀려오면
파도는 성난 물결로
힘을 과시하는데
그 힘을 빌려
돛단배 바람 따라
유유히 떠다닌다
고요품에 잠들 때면
어느 유원지 호수처럼
마음도 편안한데
태풍이 불어오면
한강 물결은
거칠은 파도 넘실거리고
자전거 길도 멈추게 한다

세계모던포엠작가회 제15시선집
수직과 수평의
경계에서

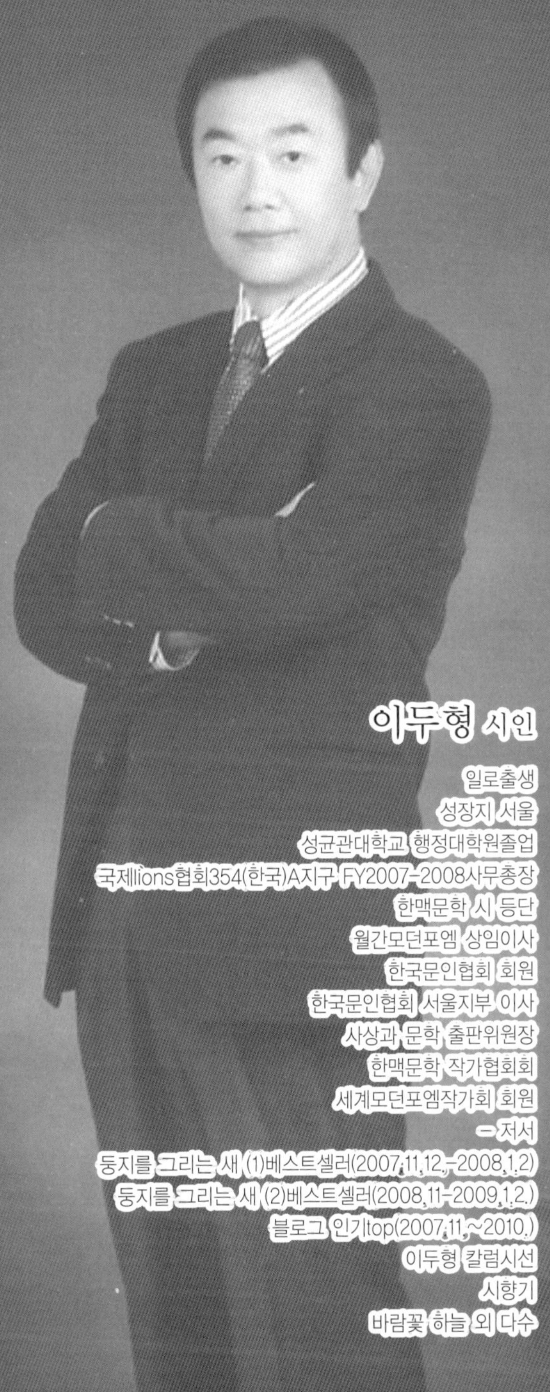

이두형 시인

일로출생
성장지 서울
성균관대학교 행정대학원졸업
국제lions협회354(한국)A지구 FY2007-2008사무총장
한맥문학 시 등단
월간모던포엠 상임이사
한국문인협회 회원
한국문인협회 서울지부 이사
사상과 문학 출판위원장
한맥문학 작가협회회
세계모던포엠작가회 회원
– 저서
둥지를 그리는 새 (1)베스트셀러(2007.11.12.-2008.1.2)
둥지를 그리는 새 (2)베스트셀러(2008.11-2009.1.2.)
블로그 인기top(2007.11.~2010.)
이두형 칼럼시선
시향기
바람꽃 하늘 외 다수

고독의 놈

이두형

바람이 쓸고 간 자리
천형(天刑)의 고독 놈이
자리를 잡고 누워버린다
열 받은 심장이 타고 있다

5월의 꽃단장을 하기 위해
촉촉한 봄비가 해갈을 적셔준다
죽어갔던 낙엽들은 봄을 맞아
다시 살아 돌아오는걸

인간들은 죽어서
다시 부활하는 걸 볼 수가 없다
저 높은 하늘 어딘가에
피안의 세계는 있는 걸까

삶과 죽음의 항로를 찾아 헤매는
무서운 번뇌가 감지돼온다
흠뻑 젖은 통한의 눈물 삼키며
허기진 고독 놈 껴안고 다시 그려볼
죽음의 순간으로 눈을 감는다

아쉬움 남기고 간 가을

이두형

앙상한 가지에
낙엽 몇 잎 남기고
가을의 님은 떠나갔습니다

무엇이 그리도 바빠서일까
가을걷이도 하지 않은 채
눈길 한번 주지 않고 매정하게
떠나간 가을의 님이여

이제 풍성한 가을잔치를 끝내고
선물로 남기고 간 싸늘한 살얼음
적막의 한기가 감도는 가마실 산장에서
나를 지키는 보안등 하나
두 줄 전선을 강하게 튕기고 퍼져가는
파장이 적막한 산장의 밤을 가른다

이제 온 대지는
깊은 수면 속으로 잠이 들었고
차가운 가슴들 따스하게 간직했다가
이른 봄 새벽
아무도 모르게
다시 생명의 싹을 틔우리라

산수(傘壽)의 길목
– 남해 포구에서

이두형

남해의 차가운 칼바람도 한풀 꺾인 듯
2월의 천기가 발동하는 남해바다의
강한 햇살이 눈에 부신다
남해바다의 비린 내음에
생명이 솟구치는 기쁨으로 하얀 길목에서
나는 너를 설레임으로 맞고 있다

영혼의 언어들은 천상의 노래를 부르며
춤을 추고 인생은 바람 불어 떨어지는
낙엽처럼 날아가 버리는 로망이거늘….
모진 생명 고이고이 지탱해 왔기에
나는 너를 산수라 이름 붙혀
이 순간을 환희로 맞고 있다

이제 석양 노을에 붉은 무지개 빛은
황혼의 침묵만 흐르고
공포의 순간은 멈추어 달라고 애원하건만
무정한 서리꽃은 모른 척
흰 눈 내리는 함박눈 세례받으며
서서히 갓길로 들어서고 있다

치구여!
부디 만개한 로즈마리,
영원불망,
팬지(Pansy)의 향기를
오래 간직하며 아름답게 장식하라.
영원히 불멸하라.

가을 앓이의 통증
- 순천만에서

이두형

먼 산 너머
그리운 사람 있는지
바라보다가
꺽다리 총각이 돼버린
순천만 갈대숲
그리움 사무쳐 4m를 훌쩍
높이 솟아 춤을 춘다

유혹하는 가을의 햇살을
견디다 못해
방긋 웃어버린 무화과
가지가 찢어질 듯 살찐 대봉감
가을은 마냥 익어만 가는데
한들거리는 갈대의 마음을 어찌할까
가을 앓이의 통증이 멈추지 않는 걸….

능선을 타고

이두형

살얼음 헤집고 능선을 따라
눈부신 햇살에
봄빛 여울이 나들이를 나선다
연초록빛 상큼함도
줄달음을 치고

외로운 한 마리 새도
날개를 펴고 비상한다
활엽의 목마름에
길었던 햇살도
마음을 말아 욕심을 줄인다

겨울 하늘이 너무 시릴 때
숲의 푸르름 을 지키는 것은
침엽이다
날카로운 생존방식으로
숲을 깨우는 바람의 깃털이 빛난다

민들레꽃

이두형

발에 밟히고
개똥 옆에 천대 받던
노란 민들레꽃
흰 민들레꽃
다 어디로 갔을까

논두렁 밭두렁
앞마당 뒷마당
밟혀도 또 밟혀도
다시 살아나는 민들레꽃
눈을 씻고 보아도 보이지 않네

세상의 가장 낮은 곳에서
천대받던 약한 민들레꽃
자신을 희생하여
인간의 생명을 살려내는
영원한 삶이 되어라

현관 앞 돌 틈 비집고
내미는 노란 민들레꽃 한 송이
뾰쪽한 막대기로 살살 파내어
뒤뜰 한가한 곳에 자리 옮겨주고
물을 준 다음 내년 봄꽃 피우면
영원한 생명을 다시 약속하리. 약속하리.

목련(木蓮)

이두형

수줍어
열어 보이지 못하던
정결한 젖가슴
밤새
살짝
열어 보이고

부끄러워
병난
목련화
피 묻은
소복 자락에
눈물 젖는다

침묵 속으로

이두형

아쉬움 남기고 간 가을은
동토의 땅으로 사라져 갔고
욕심 많던 나무들도
일찌감치
모두를 털어버리고
가볍게 마음을 비웠다

몇 잎 남은
빛바랜 잎 파리들
외롭게 매달려
죽음의 순간을 맞고 있다
이제
깊은 침묵의 순간만이 흐르고 있다

시혼(詩魂)

이두형

밤새 눈을 밝힌 형광 램프가
뿌옇게 희미해져 간다
긴 밤을 새김질로 토해내는 시욕(詩欲)이
하얀 백지 위를 검게 물들여가고 있다

시를 쓰다
푸른 피를 토하고
강탈당한 시간들은
투명의 공간으로 사라져갔다

시향(詩香)에 취해 쓰러진
죽음의 순간들은 아직은 숨을 쉬고 있다
시상(詩想)의 무덤 속엔 시인이 함께 살고
시인의 무덤 속엔 시상이 함께 살고 있다

낙화(落花)

이두형

화사한 벚꽃도
우아했던 목련도
청실홍실
예쁜 영산홍 모란도

짧은 화려함
뒤로 한 채
더 못 준 사랑
아쉬움이었을까

사랑의 하트로
모자이크
수를 그리며
고개를 떨구고 만다

세계모던포엠작가회 제 15 시선집
수직과 수평의
경계에서

月影 이순옥 시인
필명:月影
한국문인협회회원
문학바탕문인협회회원, 빛그림동인
은빛수첩문학회 회장, 한겨레문학가협회회원
문예사조 문인협회회원
월간모던포엠 이사
세계모던포엠작가회 경기지회 회원
제3회 모던포엠 문학상 은상수상
저서 〈월영가〉
공저 〈칼과 풀의 조화〉〈 새벽, 희망의 빛〉〈시와에세이2,3,5〉
〈댓잎에 이는 바람〉솔숲에 일렁이는 바람소리〉〈남은 향기를 묶으며〉
〈은빛수첩〉〈세월의 문양〉〈저물지 않는 그리움으로〉 외 다수

月影歌. 2

月影 이순옥

세상의 업은 꽃으로 피고
그 업의 회억 속
바람은 허명의 깃을 친다

여여한 풍광 속
분분하던 삶의 빛을 접듯
산빛 어두운 해질 녘 강가
그림자로 머물 깊은 달그림자

하늘의 끝을 이어
스스로 낮추는 음영의 절개
그대, 낮춘 모습의 기품

붉은 외침의 끝
짙푸른
공명의 혼불을 사르는 널 본다
봄의 초입, 빈 가지 위

해빙 7.

月影 이순옥

수평선 위의 아지랑이
얼룩이 되고
그 광활한 이미지를 가져와
나의 신세계를 만든다
자신으로 온전히 사랑받는 세상
누구나 추구하는 욕구를
발산할 수 있는 곳
내 마음속 모험가는
끝없는 탐험을 결코 멈추지 않는다
떨어지는 나뭇잎을 보면
바람 부는 방향 알 수 있어
시련은, 오래전 나의 전부였던
추종자마저 배반하고
별들은 놀라운 메시지를 발광시킨다
막 피어나기 시작한 달빛, 이른 저녁을 갈라
눈을 낮춰라, 마음을 꿰뚫어라
마음속 깊이 감춰 놓았던 오점 하나까지
다 맑게 씻겨나가는 그날
출항 명령을 들을 것이다 신세계로 떠나
나와 화해할 수 있는 곳으로

미리 쓰는 유서
– 삶의 고백서

月影 이순옥

봄이 한창인 뜰에
목련이 시절을 놓고 숨졌다.

늘, 시들지 않는 나무로 서 있고 싶었는데
심술궂은 비바람, 밤새
꼭 아름다운 꽃잎만 떨어뜨리고 갔을까
이름 모를 풀도 거기 있었을 터
꽃처럼 바람에 꺾이지 않아도
그 휘어진 서글픔 안고 살았을진대

세월은 그렇게 영원을 만들지만
남은 시간이 짧아지는 게 아니라
서서히 채워가듯
삶의 무게도 점점 더 늘고 있었던 것을

불빛이 어두운 강물 속에 떨어져
수직의 춤을 추는가 흐느껴 우는가
고아처럼 버려질 슬픈
인생의 향기

승자도 패자도 없던 싸움
질긴 인연의 굴레
한바탕 굿판을 벌인 것 같은 지난 삶에
악수를 청하고

나, 이제 돌아가리라
해질 녘 강가에서
가슴으로 안을 수 있는 고요가
날 닮은 그림자로 서성이는 그곳.

사라지다, 살아지다

月影 이순옥

하얀 거품처럼 감정이 발딱 일어서서
바람을 업고 달리기 시작하자
욕망은 벌써 갯바위가 되었다
바닷가 어느 구석
해오름으로
알몸을 드러내는 상처를 껴안기 위해
기꺼이 축축한 물기를 머금어
버섯구름 된 느닷없이 다가선 감성은
아가페를 낳게 하였고
세상에 피고 지는 꿈 조각처럼
문득 사라졌다가
한 점의 영상으로 벼락같이 덤볐다
솟대처럼 길게 난
길 위에서
몽상의 여러 갈래 길 열어놓고 시험하던
한 길을 가리키며 멈칫거린다
나의 선택이 옳은지
이젠 등대에 불 밝힐 시간.

하얀 단풍

月影 이순옥

가을 단풍 아래
하얀 두 노인
새털처럼 가볍게 웃고 있다
소녀 웃음처럼 굴러다니는 건
떡 두어 쪽
세 개면 줄건데 두 개여서
못 꺼내 놓았다고
하나는 꿍칠 셈이었냐 웃음으로 닦달하고
그 웃음 방해할까 가만가만 지나오는데
내 발걸음에 놀란 바람, 휘청
세월을 멈춰 세운다
다행이다 여전히 방년 17세
깔깔거리는 웃음, 눈부신
단풍이 아름답다
겨울에서 떨어져 나온
작은 조각.

관계

月影 이순옥

바람과 하늘이 어떤
조화를 부린 것인지
깨어진 믿음 언제라도
파탄을 예고하고

소리가 날 리 없는
양심의 종
황폐하고 메마른 가슴
홀로 외로운 새

절대 허락되지 않는 금기
재생 불가능 진단이 내려
쓰레기로 추락한다 해도
확실한 건 없다

폭풍우가 닥치면
각자의 성격에 따라 움직일 뿐
독수리처럼 날아오를 준비를 하라
단 한 번 날아본 적 없어도

썩은 이를 뽑으며

月影 이순옥

공포와 기억 속 두려움
마취를 하고
수술대에 눕다, 아픔은
썩은 이가 아닌 지난날 추억

꽃송이도 아닌 널 언제까지 붙잡을까
바윗덩이보다 더한 무게로, 어둠은
마음에서 자라 무섭도록 깊어지고
수시로
창문을 비벼대는 비

운치 있는 찻집 마취제로 넣어
가져보지 못할 것에 대한
환상에 젖는다

곤충 날개가 바스러지는 소리
내 우주를 몽땅 부숴
소금 기둥이 되어 바람에 조금씩 깎여가도
오늘이 마지막이라고 생각하면 내일은 두렵지 않다
우리에겐 그래서 사랑할 기회가 있는 것이다

황사. 2

月影 이순옥

그 강만은 남김없이 흘려버렸다
하늘을 강바닥에 말라 붙게 할 만큼
수억 년 전 낙타들은 짜디짠 웃음으로 길을 냈다
뼈 깎고 살 묻어 모래 빚고 사구를 만들었을 게야
인기척 쫓아낸 바람이 살을 태우니
자리 빼앗길까 두려움에 광풍 일으켜
행인의 그림자조차 얼씬 못하게 할 기세다
잘못된 함락이었다 탓해도 돌이킬 수 없음 알기에
더 이상 숲을 꿈꾸지 않겠다 악무는 이
발목에 물이 차고
무릎에 물이 오르고
허리까지 물이 차오르고 마침내 마음껏 헤엄칠 수 있다는
애당초 물기 외면하며
눈가에 맺힌 이슬 삼키며 완강히 맞서는 외면
혹 함정에 빠진 낙타가 추억을 서성이면
타버린 관목 찌끼라도 기울어진 혹까지라도 말려버릴 것이다
인적 드문 그 너머까지 침범해 검게 변할 네 낯 조롱하리
모진 침묵으로만 더 버티지 않으리라
오래 아주 오래 쉬었던 단조로운 풍경도 견디었거늘
내 이름 사막을 사랑하며 별들만 사랑하리
별들이 쏟아져 내려 타버리지 않을 푸르를 줄 알기에
결코 바닥 말라붙게 내버려둘 인적 없음을 알기에
별들을 품에 안고 황량한 바람 안고 잠들 것이다

세월

月影 이순옥

술독아지에 길게 목을 넣고 술을 떠내며 생각한다
그 안은 비좁고 어둡지만
나는 술을 모르고 술은 나를 본체만체한다
어머니는 뒷모습을 고스란히 술독에 쏟아 넣으셨다
한쪽 벽에는 술 취한 채 그려진 아버지 초상화가 있다
백양나무 잎맥이 쪼그라드는 오후
술은 나로부터 자유로워 허청허청 내달린다
이런 것들 상관관계가 없으면
인생은 한없이 허허로울 판이다
술독아지에 목을 넣고 술을 떠내며 말한다
어제 떠낸 술자리가 전혀 비지 않고 채워져 있구나 하고
아무리 퍼내도 술은 쪼그라들지 않는다
가난한 길거리에 앉아 궐련으로 세월을 태우던 아버지는
두툼하고 너덜대는 국어사전을 닮더니
술독아지 입구를 닫고 세상 바깥으로 삐죽이 나가셨다
철 지난 가슴에선 아버지 마지막 옷 한 벌을 태운다
어느 누구도 토닥토닥 도닥이지 않는 당신의 무덤
세월 부글부글 끓여 익혀낸 술독아지 뒤꿈치가
내 방 벽에 걸린 풍경화 속에서 보시락거리며
세월에 취해 비틀거리다 바깥잠을 잔다

축배를 들 시간

月影 이순옥

내 살아온 발자국
덧입혀지면서 과거는
새롭게 다가오는 시간에 밀려
현재가 되고 또
미래가 되겠지만

오늘은
내 남은 인생의 첫날

인생이 무거운 짐 지고
산을 오르는 것이라면
지금은 정상
깃발처럼 펄럭이면서 내 삶을
뒤돌아보며 재충전의
성찬 누릴 때

마법과도 같은 인생,
지나왔음에도
돌이켜 보면 오히려 낯선 설레임

미래는 돌처럼 굳은 게 아니라
용암처럼 늘 들끓고 있음에랴
바람은 그침이 없이
원하는 곳으로 분다는 진리
잊지 말며

오늘은 축배를 들자 또 다른 내일
나의 청춘을 위하여

이향임 시인
전남 보성 생
월간모던포엠 시부문 신인상
세계모던포엠작가회 경기지회 회원
모던포엠 동인
월간모던포엠 이사
한국문학예술 회원
포엠 아일랜드 회원
세계모던포엠작가회회원
공저 [해가 솟는다], [도자기의 마을]외 다수

그리움

이향임

속절없이 가버린 삶
흘러간 시간 되돌리지 못해도
곱게 갈무리해 놓은 추억을 열고
기억 속에 가물대는 얼굴

텅 빈 머릿속에 각인된 사람
세월 지나도 어쩔 수 없는 그리움으로
멀리서 다가오는 사람아

서로의 간격 좁혀 지지 않아
늘 그 자리에 머문다 해도
가슴이 먼저 반기는
그리움은 바람을 타고 나는 나비와 같이
사뿐, 소리없이 오는 것

사랑

이향임

사랑에도 계절이 있다

연둣빛 싹 틔우는 생명의 봄
정열의 불꽃 태우는 여름
꽃 지고 열매 맺는 가을의 노래
모든 것 여백으로 놓아 버리는 겨울이 있지

사랑은 움직이는 것
시절 지나 피할 수 없는 겨울이 오면
바람불어 훌쩍 떠나 버린 추억을 앓지만
살아가는 여정 속
열려 있는 가슴으로 스며드는
뜨거운 바람, 막을 수는 없지

이별 연습

이향임

연습은 필요 없다
다짐하지만
한치 앞 모르는
생사의 경계선상
언젠가 인연의 줄 끊어질 때
잡은 손 놓지 말고
꼭 안은 팔 풀지 말아요
다시는 돌아오지 못할 길
매 순간 더 없이 소중하고 아름다운 것
삶의 굽이굽이, 새겨진 가슴 저린 이야기
그대 없는 곳, 허기진 마음
허물어져 내릴까 두려워
영원히 이별 없는 세상이기를
애타는 염원, 하늘에 닿기를 기도하며
두 손 가슴깃에 모아봅니다

잡초

이향임

스스로 살아 남아야 하기에
힘을 키워 온 너
누구도 관심없고 귀찮아 여기지만
너의 힘, 왕성하다
넘겨다 본 고운 자리의 화초
우리에겐 사치라고.
찾아 주지 않아도
초대하지 않아도 어디던지
얼굴 내밀어
끈질긴 힘, 과시하는 너
잠시 방관하면
주인행세하려는 얼굴 두꺼운 너
호시탐탐 끼어들어
옥토를 점령하려 넘보는 무법자
그러니 체면 없다고
모두가 내몰려 애쓰지

강둑에 핀 풀꽃을 보며

이향임

강둑에 누워 올려다본 하늘
호수같이 고요한데
살짝 불어 오는 바람의
소곤거리는 낮은 음성은
강둑에 흐드러지게 피어
오밀조밀 모여 있는 풀꽃이었네
순수하고 소박한 자태
풀꽃에 취해
시계 반지 만들어 손가락에 끼워 보던
그 시절

영원한 이별

이향임

낮과 밤
해와 달도
아무 일 없는 듯
시간의 흐름 따라 움직이는데
어느 순간 찾아 온 이별의 고통
사막을 횡단해서 가라고 하신다면
정녕 피할 수는 없는 것인가요
오아시스는 어디에 있나요
뼈저린 인고의 순간들
어찌해야 하나요
운명이라고 하신다 해도
바꿀 수는 없나요
무엇 때문이냐고
물어보시지 말아 주세요
참았던 설움, 울컥 쏟아질 것 같으니까요

바람을 타고

이향임

바람이 가는 길
붙잡지 마라
풀잎의 이슬처럼 왔다가
사라져가는 풍진 세상
바람으로 살다가 보이지 않는 곳에
지쳐버린 몸짓으로
끝없는 저편 낯선 곳으로
모습을 감추어 버린다 해도
아름다운 사랑 노래했던
짙푸른 음성
쉴새없이
내 안에서
바람을 타고 흐르다

삶이란 한 편의 연극 같은 것

이향임

삶이란 한 편의 드라마
극본에 몸을 맡겨 삶을 그려내는
연극같은 세월의 흐름에
마음 열 수 있으니 재미있는 거지
우리 만남이 생의 활력소가
된다면 무얼 더 바라겠니
복잡하게 생각할 것 뭐가 있나
힘든 것은 잠시 내려놓고
즐거움은 만들어
아름다움은 내 안에서 찾아 가는 것
텃밭을 일구어 가듯
작은 행복일궈
안부 주고받는 친구 한 사람이면 족한 거지
나만의 무대, 나만의 공간속에서
숨 한번 크게 쉬며
소중한 추억 쌓아가는 거지

들꽃

이향임

바람 불고
봄빛 흔들려
굳은 땅 헤집고
봄 나들이 나온 들꽃 무리
나즈막한 키
작고 수수한 얼굴
아장아장 걸어 나오는 꽃봉오리
쪽빛 하늘을 닮아
정겨운 그 모습에
내 마음 흔들려
살짝 건드리니
흩어지는 고운 향기
꽃잎의 웃음소리 들릴 것 같은 오후

여정

이향임

긴 밤 지새우고
또 다른 하루를 맞았다
언덕 저편을 걸치고 흔들리는
석류알처럼 빨간 석양
하늘을 핏물 오선으로 그어대더니
나를 덮치고 영혼을 흔들며 땅을 적신다
아 아 빛바랜 마음이여
레일 위를 달리는 철마처럼
너 또한 기나긴 여정 위를 달려가고 싶으냐
목까지 걸리는 포효를 내지르며
끝없이 펼쳐진 밀감빛 노을에
잠겨서 바라보고 있는가
시간이 지나면 빛이 바래져
별들은 무도회를 개최할 텐데
나 또한 그 앞에서 춤을 춰볼까
검은 날개 퍼덕이며 날으는 새야
이 시간이 지나면 잊혀진 기억되어
망각의 기약 속에 들릴 듯한데
눈감으면 울음소리 들릴듯한데
까만 밤 몰아친 새벽 하늘이
어둔 길을 밝히며 가물거리던
추억 속의 가로등을 몰아세우며
또 다시 찾아온 설레임으로
가슴속 그리움에 불을 지피고
희망의 연가를 외쳐대는데……,

세계모던포엠작가회 제 15 시선집
수작과 수평의
경계에서

전홍구(全洪求)시인, 수필가, 성교육·성상담 전문가

문예사조 시/수필 당선 문단 데뷔
한국문인협회 시분과 회원,
한국문예사조문인협회 부회장
시분과 회장, 한국기독교문인협회 회원,
한국현대시인협회 회원, 구로문인협회 회원
세계모던포엠작가회 서울지회장,
시집:「개소리」「원두막」제3시집「나뭇가지 끝에 걸린 하늘」
수상: 第16회, 25회 문예사조문학상 우수상 수상,
第11회 한국민족문학상 본상 수상

나뭇가지 끝에 걸린 하늘

전홍구

고개를 쳐들어 터져라 외쳐 보아도
대꾸도 없는 세상을
신문과 방송은 끈질기게 흔들어댄다.

가로등마저 조는 텅 빈 공원
그네에 몸 싣고 흔들어 보아도
세상은 멈추어 있다.

보고 들은 것 다 잊고 싶어
소주 한 병 통째로 홀딱 마셔버리고
병든 세상을 몽땅 담아 병마개를 꼭 잠근다.

살맛 나는 세상인데
멀리 서 있는 나뭇가지 끝에는
아직도 하늘이 걸려 있다.

테이프를 떼자

전홍구

담양에 거주하는 조카로부터 귀한 것이 전해져 왔다.
테이프를 떼고 궤짝을 열어보니
죽순 열두 개와 하얗게 핀 곶감에서 고향냄새가 새어나왔다.
당도 높은 감미로운 냄새와
대숲에서 들려오는 바람 소리
게다가 추월산이 기지개를 켜고 내미는 얼굴

해마다 피는 진달래지만
오늘따라 궤짝 속의 꽃잎 몇 장에서
고향소식이 배어 나오는 것 막을 길이 없다.

상도동 비컵 쇼윈도

전홍구

오래도록 나를 쳐다보는 사람이 있다.
시선을 피해 보았지만 그는 여전히 그 자리에 머물러 선 채다.
단정한 머리, 잘 생긴 얼굴, 맵시 있는 옷차림
날씬해 누가 보아도 시선을 끌게다.
한참 지나 다시 보아도 나를 보고 있었다.
돌아서려 했을 땐 이미 돌아서고 있었다.
내가 들고 있던 책가방을 그가 들어주었다.
한결 가벼웠다.
고마워서 웃어줬더니 그도 날 보고 웃는다.
인사를 건네자 다소곳이 고개 숙이며 말을 한다.
절 아시나요? 물었더니 그도 나를 아느냐고 묻는 것이다.
나를 놀리듯 똑같이 따라 해서 짜증이 났다.
이윽고 무거운 가방을 들어준 그에게 고맙다는 인사를 하고 돌아섰더니
어느덧 그도 돌아서고 있었다.
우리는 말없이 눈인사를 남긴 채 헤어졌다.
오늘 그와 다시 만나고 싶다.

메밀꽃밭

전홍구

잊으려도 맴도는 얼굴
창가에 앉아 속삭이는 말
"창문을 열어주세요."

치맛자락
흔들리는 하얀 바다
하늘하늘 청초한 춤사위

은빛 물결 샛길 지나
굴렁쇠 앞세우고
동네 고샅 돌다 저무는 하루해

잊을 수 없는 모습
따뜻한 가슴에
달빛 뿌려놓는 은하수 벌판.

피정

전홍구

찬바람 씽씽 부는 한길에서
미화원이 양심을 쓸어 담는다.

여기저기 마구 버려진 양심조각들
저토록 많다니
바람 불어서야
뒹구는 양심이 보였다.

소한의 고통 대한 틈바귀에
올 들어 가장 매서운 날
그런대로 바람막이
양지쪽엔 따뜻한 햇볕
양심의 넝마 숨을 돌린다.

좀 떨어진 곳 휴지통
쓸모없어진 신세
쑥스러워 외면하다
마음 고쳐먹고
비양심 쓸어 담는다.

오늘같이 추운 날
당신을 위해 차를 끓여
음악과 의자를 마련합니다.

뜨거운 홍단풍의 속살

전홍구

겨울은 맨몸으로 보냈지만, 그전 옷차림을 기억하고 있다.

이른 봄부터 늦은 가을까지 타는 듯 다홍색 옷 입고 있다가 그만 멋진 옷들을 죄다 벗곤 맨몸으로 서 있었던 건 그들이 이사해 온 것은 지난해 구로구청에서 담 헐고 주차장으로 조성해 준 작은 공원에 심겨져 다섯 살, 의젓하였다.

봄이 와 새싹이 돋으면서부터 색깔을 보여주기 시작했는데 아직은 아무도 그 뜨거운 속살을 몰라본다.

일 년 내내 단별로 견디는 그들의 붉은 망사치마에 햇살이 올라타던 그 때, 인간들은 비명을 지르며 어쩔 줄 몰라 했다.

그들의 새순이 혀끝을 내밀 때부터 여름 지나 늦은 가을까지 빨갛게 단 숯불이 되어 너와 나를 태운다.

나는 아직 겉옷도 걸치지 않은 그들에게 벌써부터 가슴을 데이고 있다.

낮잠

전홍구

정오 뉴스가 심각한데
해피는 잠이 들었다
꿈을 꾸는지
잠꼬대를 한다.
사건의 본질은 어찌 됐건
개성공단 무효선언에
대책이 마련됐든 말든
잠꼬대하는 널 보고 있자니
스르르 눈이 감기는 나
뜨거운 뉴스는 계속되는데.

망울

전홍구

비바람 찬서리 긴 날들을
얼어붙은 대지에 의지하여
오래도록 갈망하여 왔다.

메말라 흔들리는 가지에 붙어
오래도록 아프게 숨쉬어 왔다.

눈 녹이는 바람 스쳐 갈 때
내 어린 망울은
긴 날들을 간직해온 소망을 위해
단단한 껍질을 벗어야 했다.

졸고 서 있던
소나무 가지 잎새가
푸르름을 반짝일 때

내 눈의 마음은 날짜를 세인다.

고객관리 잘하는 노숙자

전홍구

그곳이 절간인 양 가부좌하고 있는
광화문 지하도 돌계단 밑에 웅크린 부처
그가 이사해온 것은 지난가을 금융위기 덕분

구조조정의 짐 혼자 지고 가는 고행의 무릎 앞에
던져진 몇 닢 동전에 두 눈 내리깔고
지전은 날리지 않으려 팔 내미는 부처
오가는 손님보다
계단을 오르는 짧은 치마가 VIP 고객이라는 그 · · · .

크루즈 여행

전홍구

젊음, 그것은 금싸라기
방황과 게으름으로 허비해서는 안 되는 젊음의 시간

목수의 아들 탄생, 최후의 만찬, 십자가에 처형, 3일 만에 부활,
좋은 감람나무에 접붙임을 얻은 우리

네 번의 탈피 결과 애벌레로 나타나
다섯 번째 탈피로 매미가 되는데 6~7년 걸려
시한부 4주를 살기 위해 목청껏 울어대는 너.

소금은 참으로 좋은 것
그것은 녹아야 맛을 내는 것
녹지 않고 그 모양 그대로 있다면 소금이 아닌 것.

로뎀나무 그늘에 쉼의 시간을 가진다 해도
마음의 여유에 따라 안식을 얻으려니
그에 영광을 위하여 죽기를 구하기로
간청하는 엘리야의 모습을 떠올려 봅니다.

사형장에서 교회로, 나의 목에 걸린 십자가
피 흘리사 날 구원하셨네.
사는 동안 보고 느끼고 겪는 것
모두가 환상의 쿠르즈 여행이었어라.

적막

전홍구

바람이 나보다 섧게 울어
내는 울음을 그쳤다

폭풍우 속에
창문을 흔드는 물줄기

달빛 아래 나뭇가지 흔들려
가지는 찢어지지 않으려 춤추니
이파리 하나라도 떨어뜨리지 않으려
발톱이 빠지도록 버텨서는 뿌리

번개도 천둥도 갈 곳 찾아가버려
휘젓던 바람 울음 그치자
벌어진 창틈 새로 고요가 스며든다.

정연국 시인
1974년 월간시지「풀과 별」작품 활동 시작
월간「모던포엠」월간「한비문학」월간「문학저널」시부문 신인문학상
월간모던포엠 이사, 세계모던포엠작가회 경기지회장
한국한비문학회 경기지부 회장,
문학저널문인회, 한국문인협회, 한국예술문화단체총연합회 회원
건국대학교 행정대학원 행정학석사 졸업
건국대학교 행정대학원 총동문회 부회장
저서「산업지원조세제도」「행복꽃」「하늘을 날으는 물고기」「소쿠리 속 이야기」
「시인과 사색」「부천문학」「부천시인」외 공저 다수

빈 삶의 뒤란에

정연국

아우라지 맨 위뜸 외딴 오막집
쇠딱따구리 할매 손오누이와 도란도란
솔 장작 알불에 날밤 구워먹다 사레들려
딱따다 딱따다다 자지러지는 바람 깊은 골
소낙별 쏟아 붓는 처마 끝은 송송한데
근심 그득 함지박을 괸 말없는 짐승 호들갑이
동동 살얼음 동치미에 메밀묵 국물 맛이다
쑥부쟁이 허리춤에 아등아등 매달려
빈 조롱박 달그락대는 짐승 투정
고로쇠 꼬륵 자작나무 목마름은
서울로 벌이 간 아들네 빈 발자국이다
그믐달 눈썹으로 버무려 빚은 뽕잎
누에 이빨자국을 갉는 짐승 혀끝이
아람불은 밤송이 가시보다 섬뜩함은
아래뜸 은어 떼가 수박 서리하다 들킨 까닭이다
숨죽여 모로 뒤척인 빈 꿈으로 얼룩진 먼동에
놀구름 너울을 켜대는 햇발로 돌아온 아들네와
물장구 멱 감다 수박 물든 손오누이 환한 민낯이
쇠딱따구리 할매의 깊은 주름을 펴는
애오라지 푸진 함박 웃음꽃이다

살맛나는 세상 만들기

정연국

반딧불이 달빛은
책을 벗 삼아
글눈을 연다

등대는 제 몸을 밝혀
오가는 들물 날물
바닷길을 연다

가녀린 촛불은
온 몸을 사르어
밝은 마음을 연다

사랑과 정열을 불태워
온 누리를 환히 아우르며
우린 살맛나는 세상을 연다

차가운 태양

정연국

차가운 태양 아래 테헤란
흔적없는 테헤란로 물레방아 카페
초미니에 굽 높이가 아찔한 도시 여자 아도녀와
이마 까진 까칠한 도시 남자 까도남은
자음을 삼킨 모음들의 뼈만 쌉싸래하니 옴씹히는
반박자 빠른 말로 오늘도 대각선이 마냥 깊고,
능금을 베어문 아도녀의 빨간 잇몸과
조약돌에 깨진 까도남의 파란 하늘이
서리 맞은 호박넝쿨 그네를 타다
쉼표와 마침표 사이 허방짚는다.
사금파리 물고 햇살의 뼈를 삼키는
아도녀의 샛노란 줄무늬 치맛자락
천사의 나팔소리는 고요를 에두르고
살살이꽃잎에 고인 대답없는 메아리
귀로 마시는 까도남의 입맛은 헛물만켠다.
낮달 뜬 테헤란로의 긴 해는 너무 짧은데
아도녀와 까도남의 물레방아
올 한가위엔 쿵더쿵 돌아갈까
테헤란로와 선릉로를 엇긋는
물레방아 카페에 고추바람 줄 팽팽한
오늘은 서리꽃 젖몸살이 더 심하다.

마음 문(門)

정연국

하늘 물고기가 제 그림자 낚느라
부질없는 마음 고리만 움켜쥐고
온 해 다 넘긴 찌 끝 노을에 불타고 있다
강물 다 마시고 바다 다 삼켜도 목은 더 타
꿈 속 목마름에 머리카락 헝클고
온 누리를 뒤흔들며 흔들리는
마음 고리는 속 빈 하늘 배꼽이다
문을 열고 들어가려니 구멍만 숭숭
구멍 밖으로 나가려니
안팎 없는 하늘이 아뜩하다
없는 마음 문을 억지로 만들어 벽을 쌓고
오감 없는 마음을 여닫고 상처를 주고 받고
해서 안 될 말은 사뭇 꽃향기 넘치고,
입에 돋은 말가시는 몽땅 바다에 쓸어 넣고
구름 검불 속에서 티 없이
마음 가는대로
가슴 활짝 열고 아낌없이 고루 베풀며
뭇짐승이 즐기는 나물과 어우러져
오감 없는 마음으로 살다 가는 거다.
하늘 물고기 헤엄으로 훨훨

아름다운 건 다 슬프다

정연국

꽃이 맨가슴을 열어
잎새보다 먼저
속내를 보이는 건
첫사랑의 아픔이
애틋한 때문이다

목련 매화 명자는 말 없이
물앵두 히어리 올괴불 깽깽이풀 복사꽃 노루귀
밤 배 살구 자두 팥꽃 머위 개암 진달래 개나리
미선나무 계수나무 생강 산수유 큰괭이밥 느릅
조팝 앉은부채 복수초 만리화 모데미풀 쇠뜨기
갯버들 벚꽃 꿩의바람꽃 너도바람꽃도 말없이

별 비늘을 에는
한철 사랑이
아름다움의 허물을 벗는다

봄에서 여름으로 여위는
아리시린 맨가슴이
아름다운만치 슬픈 건
참사랑이 채 덜 영근 까닭이다

국립중앙도서관 쉬는 날

정연국

서리서리 물굽이 도는 서래마을 위뜸
사람은 눈 밖이고, 창 너머
책장 넘기는 소리만 사그락 사그락
휘파람새가 읊는 갈피가 깊다.
참매미 알락귀뚜리는 여름과 가을 틈새에
착 달라붙어 무슨 할 말이 그리 많은지,
책갈피 사이에 굽이치는 여울 소리가
삐꾸기를 물고 마뉘꿀 고개를 뛰어 넘는다.
샛강 건너 밤섬 앵무새 씻나락 까먹는 소리에
바람 목도리 두른 솔 참나무 안경줄무늬올빼미가
엇박자로 속 빈 고개를 꾸벅거리고,
구름모자 쓴 칠점무당벌레 나무기러기는
아리수에 부르튼 발을 척 담근 채
백운대에 턱 괴고 거꾸로 읽는 글씨가
책 속에서 길을 잃는다.
열쇠를 쥐고 열쇠를 잃은
국립중앙도서관 글 소리만
쉴 틈 없이 고단하다. 그래 바람 잘 날 없이
몸이 고단할 때는 마음도 쉬어야 산다.
바위보다 무겁게 내려앉는 눈꺼풀이
깊디깊은 글 속 길을 묻는다.

금붕어 꼬리를 붙잡고

정연국

가을걷이 끝낸 허수아비 건들대는 소맷자락이
못 속 꼬리가 몸통 보다 훨씬 더 큰
금붕어 꼬리를 붙잡고
꼬리 아닌 꼬리를 치자
부레에 담긴 소우주 방울 튕겨 올리며
"아서라 " 점잖게 한마디 하는데
물 밖 허수아비는 못 들은 걸까
금붕어가 눈을 얼굴 보다 훨씬 더 해맑게 뜨고
남을 위한 올바른 마음 씀에서 참사랑이 피어나며
'참사랑이 쌓일수록 행복도 깊어진다'
지긋이 눈짓을 해도
먼 산만 바라본다. 허수아비
하늘을 가로지르는 기러기 울음을
귀 없는 금붕어는 온몸으로 느낀다
행복을 향하여 몸통 보다 훨씬 더 큰
꼬리지느러미를 요염하게 흔들어댄다
사뿐 날아든 단풍잎에 입 맞춘다
온몸이 단풍이다
나이테 켜켜이 삶이 곰삭은
금붕어 꼬리를 붙잡고
꼬리 아닌 꼬리 치는
허수아비 건들대는 소맷자락 속으로
서릿발 선 별들이 내리꽂힌다

밀물

정연국

오늘따라 거나하디 거나한 밀물이
입가심으로 벌건 해 통째로 꿀꺼덕 삼키고
빈손에 휘파람 불며 뭍으로 털레털레 돌아오는데
숱한 밀물 날물을 품고 사는 오지랖이 하얗게 쉰 등대는
젖은 손 다소곳 내밀어 마냥 살갑게 어서 오라 하고
애달은 나어린 등대는 눈퉁이 시뻘겋게 부어올라
'오기만 해봐' 벼르고 별러도
눈치 없는 밀물은 길마중 나온 등대에게
허연 이빨 히쭉 히쭉
어둠 구멍에서 나와 어둠 구멍으로 들어가는
막막한 고동 씨줄 날줄 빛살 소리에
손톱달 먹구름도 비껴가는데
뭍에 오르는 밀물 허연 이빨이 곤드레만드레다
오지랖 하얗게 쉰 왼쪽 등대와
눈퉁이 시뻘건 오른쪽 등대가 마주 보고
'애물단지 밀물을 달래줄 이는 누구인가'
단내나는 들숨 날숨 그림자가 하 깊디깊다
밤새 뜬눈으로 밀물에게 어깨를 내어주던 날물이
불끈 솟구치는 아침 해를 향해 날개깃 활짝 편다

직선을 위하여

정연국

태풍의 눈 숨 막히는 꿈 속
한발 내디딘 누리 밖

이름 짓지 못한 숱한 별 점선들
때문에 더 빛나는 너
게거품 뿜으며 회귀선이
씨줄 따라 무리로 가다 보면
익으면서 지워지는 허한 자리 버려진 빛들이
저만한 그림자 하나씩 내뱉고 있다
능금나무 가지 아래로 제비 낮게 날며
빛의 손길이 멀어지는 하품 섞인 해거름
삶의 두께보다 웃자란 잡풀들이 하늘을 가득 덮고
시름없는 숨결에 빛바랜 수평선이 힘없이 접힌다
그 모든 빛이 돌아앉은 어둠을 향해
가슴을 여는 소리 깃으로
이 어처구니없는 모습들을 튕겨내어
그 속내를 깡그리 걷어낸 빈자리
담벼락 구멍만한 하늘에 쪼그리고 앉아
씨줄 날줄이 얽힌 핏줄 선 제 손바닥을 긁고 있는
직선, 너를 위하여
소금쟁이는 네 발로 오늘도
지구의 씨줄 날줄을 팽팽하게 당기며 버티고 있다

모르쇠

정연국

휘파람새 둥우리에 두견이 알까고 까막딱따구리 보금자리에 원앙이 알 슨다. 붉은 머리 오목눈이 둥지에 뻐꾸기가 알낳고 흰빰오리 괭이갈매기가 엾 새둥주리에 알깐다.꺽지 알 슨 자리에 감돌고기가 알 낳고, 각시 붕어가 민물 조개에 알 슬고 민물조개가 제 새끼를 각시붕어 아가미에 붙인다 별은 초롱초롱한데 까마귀떼 시끄런 울음에 천둥번개가 놀라서 벌집을 낮게 짓고, 아침 무지개가 너무 눈부셔 민들레 나팔꽃이 눈을 감아버린다. 마파람이 부니 신경통이 도진 수퇘지가 돌기둥에 몸을 비비자 암소가 엉덩이를 동쪽으로 돌린다. 파랑새 노래따라 젖먹이 투레질에 청개구리 울음 떠들썩하게 개미 떼를 언덕배기로 이사 시키더니 배흘림 대문에 빗장걸고, 고추잠자리 쫓아 제비 낮게 나는 먼 산 메아리가 가깝다. 물거품 부글대는 냇가 미꾸라지와 피라미가 물 위로 높이뛰기 하고 지렁이 스물스물 길가에 나와서 일광욕에 흠뻑 젖는다. 해거름 수탉이 울어대는 연기 자욱한 부뚜막을 고양이가 질주하고, 군불 연기 따라 거미가 방안으로 기어든다. 소나기가 콩타작하는 안마당에서 해금내가 나고, 번개약수터 바가지가 마를 날 없는 까닭 알고도 모르는 모르쇠 이마에 송글 송글 주름살을 타는 식은 땀이 아리시리다.

수직과 수평의 경계에서

인쇄 2012년 6월 12일

초판 1쇄 발행 2012년 6월 15일

지은이 세계 모던포엠 작가 12인

펴낸이 전형철

편집 모던포엠 편집부

웹디자인 김태완

펴낸곳 모던포엠 출판부 도서출판 **채운재**

후원 월간 모던포엠

주소 서울 중구 초동 155-1 덕양빌딩 505호

전화 02-704-3301

팩스 02-2268-3910

손전화 010-9184-5223

이메일 mopo64@hanmail.net

정가 10,000원